KAWADE
夢文庫

必ずスコアがアップする
GOLF術

アプローチがピタッと寄る本

ライフ・エキスパート[編]

河出書房新社

カバー写真◎Robert Michael/Corbis/amanaimages
本文イラスト◎渡辺隆司
協力◎エディターズワーク
◎岡野忠広（鳩山カントリークラブ所属）

バッチリ寄る〝快感〟が味わえる●前書き

ゴルフのスコアメイクでもっともカギを握っているもの。それはアプローチだ。アマチュアゴルファーの場合、アプローチショットの機会は、1ラウンドで10回、いやそれ以上ある。そのうちの半分を「寄せワン」でしのげれば、それだけでスコアは5つや6つ簡単に減らせる。

だから、ゴルフがわかってくるにつれて、「飛ばす」ことより、「寄せる」ことのほうがよほど快感になってくる。理由は簡単。「飛ばし」たところで、それはスコアアップには何の保証にもならないが、「寄せる」ことは、それだけで1ストローク縮めることを意味しているのだから。

ゴルフはあがってナンボ。その「ナンボ」のカギがアプローチだ。

バンカーショットからロブショットまで、アプローチの奥義《おうぎ》をすべて明かしたこの本を熟読、実践。さらに前々作の『パターが面白いようにはいる本』も併せて読んでいただけば、ショートゲームについては完璧！　あなたのスコアがみるみる縮まることを保証する。

ライフ・エキスパート

アプローチがピタッと寄る本●目次

プロローグ

スコアメイクの鍵はやはりアプローチにあり！

アプローチの技術はあなたを裏切らない 11
プロのデータが語るアプローチとスコアの関係 13
「飛ばし屋はアプローチが下手」という事実 17
アプローチが重要なのは、プロよりアマ 20
アプローチがうまくなると、他のショットまでよくなる理由 23
アプローチに自信が持てると〝気持ちの余裕〟ができる 25
「アプローチは〝球遊び〟にすぎない」という意識を 27

1章

距離をピッタリ打つ確実な方法

●全然むずかしくない——

あなたがアプローチを不得手とする理由 30

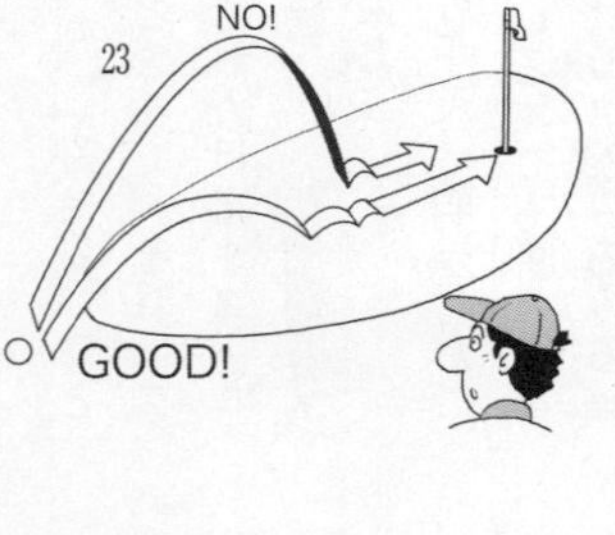

どんなに短い距離でも身体を回転させるべし 32
距離感を確実に自分のものにする方法 36
距離を打ち分ける二つの方法 38
アプローチの「出球」をそろえる極意 42
アプローチの距離感は「低い球」でつくる 43
どんなに短い距離でもクラブを加速させる 46
絶対に守りたい左右対称の基本スイング 49
アプローチの素振りはボールを見ない 52

2章 高さを変えて寄せる

手堅いワザ

なるほど、そうか――

ランニング・アプローチ篇

「転がせるところは転がす」のがアプローチの基本 56
〝転がし〟を確実に成功させる条件とは 57
パターのように打つか、身体を回転させるか 61
〝転がし〟では本当にショートアイアンを使うべきか 65
チップショットでなく、パターで寄せる方法 68

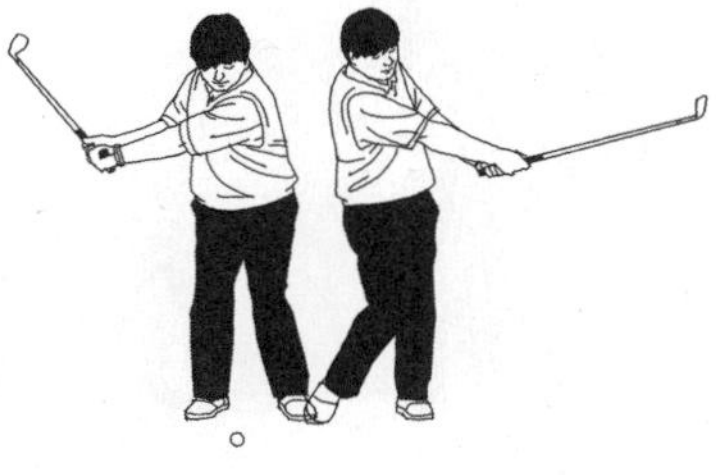

フェアウェイウッドを使った〝転がし〟と注意　71
短い距離はシャフトを握れば安心　74

ピッチ&ラン篇

アプローチの半分以上はこれでカバーできる　76
ボールの高さを変える四つの方法、さてあなたは？　79
グリップの握り方一つでボールの〝強弱〟を変える　81
ザックリをなくすためにはソールを滑らせる　84
ボールを「包み込む」ようにフェイスに乗せる　87
多くの人が犯しやすい〝目の錯覚〟にご注意　89

ロブショット篇

ロブショットは〝最後の手段〟と心得る　92
ボールを身体で上げようとするから大失敗する　95

3章

●もう迷わない——

ラフや悪所から狙う
プロの超ヒント

まずはライを正確に確認することが重要　98
〝本気の素振り〟でスコアは確実に縮まる　100

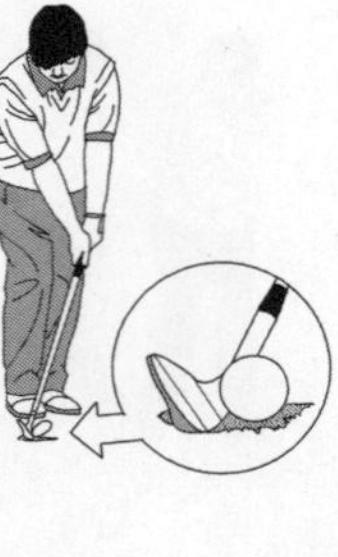

ラフに沈んでいるボールは、どう打つのが正解か 103
抵抗の強い「逆目のラフ」を切り抜ける打ち方 107
ラフに浮いているボールを〝ダルマ落とし〟しない法 109
ディボット跡にボールがあるときの二つの打ち方 111
ビギナーが誤りやすいベアグラウンドからの打ち方 115
カラーとラフの境目にボールがあるときの打ち方 116
枯れ芝からのアプローチは〝転がし〟が一番安全 117
アプローチのようなパッティング術のヒント 118
ザックリが怖いならヒールを浮かせて寄せる 121
枯れ芝でもSWでザックリしない裏ワザ 124
冬のラフこそソールを滑らせる 127

4章

傾斜地に強くなる実践的なコツ

これなら大丈夫——

斜面からのアプローチをミスしやすい本当の理由 130
覚えておきたい傾斜地からのアプローチの法則 133
左足上がりでは、ボールを上げようとしない 136

左足下がりでは、左足体重でフォローを低く長く出す　138
つま先上がりでは、右を向いて、フックで寄せる　141
つま先下がりでは、膝の角度をキープする　144
複合ライでは、左右の傾斜を優先する　146

5章

●怖がってはいけない――

バンカーから攻める驚きの極意

ミスの最大要因は、砂への恐怖心　150
「砂を〝爆発〟させて打つ」という誤解　154
バンカーショットの成否はテンポで決まる　157
バンカーショットもスクエアに打つのが基本　159
クラブを入れる場所は〝適当〟でいい　161
バンカーショットではボールを見ないのがコツ　163
バンカーショットは、このセットアップで決まる　165
バンカーショットでも身体を回すのが基本　171
アゴの高いバンカーは、コックを早めにする　174
傾斜からのバンカーショットはバランスが肝心　176

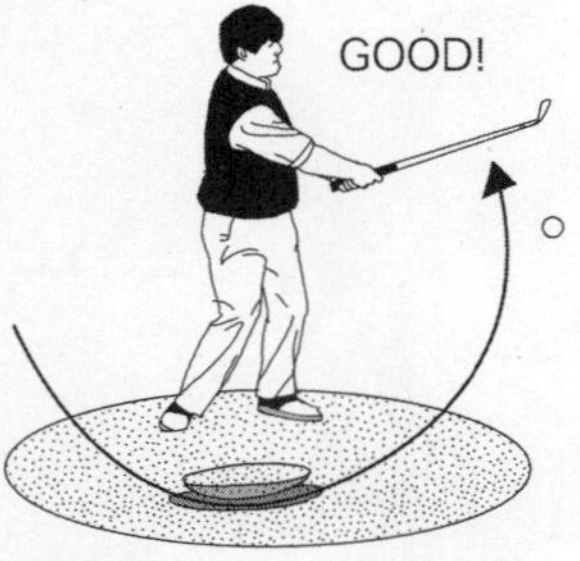

湿って硬い砂や砂の少ないバンカーショットはPWで 177
柔らかい砂のバンカーショットは〝大きく・薄く〟 179
〝目玉〟のバンカーショットは手打ちの薪割りスイングで 180
距離のあるバンカーショットはロフトの少ないクラブで 184
バンカーショットの素振りはバウンスを芝の上に滑らせる 187

6章 ◎まさに目からウロコ——
自滅しない頭のいい攻略法

記憶の蓄積が〝感性〟を育む 190
距離の見極めは最低でも「10ヤード単位」で 191
「グリーン」と「風」の読み方 194
寄せ方は、エッジからピンまでの距離で決まる 196
下りの1mより、上りの2mにつけるべし 197
ワンクッション入れるときは落とし場所のライを確認 200
バンカー越えは顔を上げないのもコツ 202
シャンクが出た後に効く〝素振り〟の隠しワザ 203

7章

どんどん上達する――

練習&道具選びの意外な秘訣

練習篇

ボールを投げて、距離感と身体の使い方を覚える 208
左足一本で打って、基本的な身体の動きを覚える 211
片手で打ってみると、ゴルフの奥義が実感できる 214
板の上で打ち、ソールを滑らせる感覚を覚える 217

道具篇

アベレージ向きなのは、グース型のウェッジ 219
ロフトとバウンスの微妙な関係 221

プロローグ

スコアメイクの鍵はやはりアプローチにあり！

アプローチの技術はあなたを裏切らない

ゴルフのストロークを大別すると、ドライバーやアイアンのフルショット、主にウェッジを使ったアプローチショット（グリーンサイドからのバンカーショットも含む）、そしてパターによるパッティングの3種類がある。

では、ここで質問。シングルゴルファーとアベレージゴルファーを比べたとき、この3種類のストロークのなかで、もっとも差があるのはどれだろうか？

答えを先にいうと、アプローチである。通常のショットもパットも、技術という点で見るとシングルゴルファーとアベレージゴルファーではかなりの差があるのは事実だが、ことスコアメイクということを考えたとき、シングルとアベレージでもっとも差が表れるのはアプローチなのだ。

多くのアベレージゴルファーは、実感としておわかりのはずだが、その理由を説明すると、ひとつには、フルショットは、どんなにうまいゴルファーでも、その日の調子によって曲がるからだ。パターもしかり。プロでもシングルでも、「今日は入らない」という日はかならずあり、なかなか調子が安定しない。

まあ、ショットやパターが不調でも、彼らはそこそこのスコアで回ってくるのだが、そのワケも、じつは先の答えの理由になっている。そう、彼らがショットやパターが不調でもそこそこのスコアで回れるのは、アプローチがうまいからなのだ。

ショットやパターの調子は日によって違うことが多いが、アプローチはそうではない。ひとつの〝型〟やちょっとしたテクニックを身につけてしまうと、１ピンくらいにまでは寄ってくれるのが、アプローチなのである。

１００ヤード以内のアプローチショットは、ドライバーショットのように大きく曲がることがないから、シングルクラスのレベルなら、まず大ケガすることがない。

また、パッティングのようにカップという小さな的を狙う必要もないから、神経をすり減らす必要もない。

「だいたいあのあたりに落とせば、自然にボールは転がってカップに寄ってくれる」。そんな気楽な気持ちでできる（というか、すべきな）のが、アプローチ。うまいゴルファーはそのことをよくわかっていて、なおかつ技術もある。だから彼らのアプローチは寄るのだ。

ところが、アプローチが苦手なアベレージゴルファーは、たとえばボールはグリーンエッジまで5ヤードの花道にあり、エッジからカップまでは上《のぼ》りで15ヤードなんていうおいしい場面でも（プロなら10人中9人がOKに寄せるはず）、全身が金縛《かなしば》りにあったように硬直したり、〝気分を出しすぎ〟たりして、ザックリ（ダフリ）やトップなど、とんでもないミスをやらかしてしまう。ビギナーともなると、せっかくグリーン近くにたどり着いても、アプローチだけでグリーンを2往復なんてケースも珍しくない。

「アプローチがうまければ、あと5打くらいは縮まるのになぁ……」

これ、ほとんどのアベレージゴルファーの実感のはずである。

プロのデータが語る アプローチとスコアの関係

では、実際のところ、アプローチの巧拙《こうせつ》はどれくらいスコアメイクに影響するのか、プロゴルファーのデータをもとに探ってみよう（JGTOのHPより）。

まず、プロゴルファーの実力をみるために、2008年の平均ストローク数のベスト10の選手を紹介しておこう。

①片山晋呉　69・57
②B・ジョーンズ　69・82
③S・K・ホ　70・22
④D・スメイル　70・35
⑤矢野　東　70・42
⑥P・マークセン　70・49
⑦谷原秀人　70・51
⑧武藤俊憲　70・67
⑨S・コンラン　70・74
⑨藤田寛之　70・74

次は、この10人のゴルファーの「リカバリー率」を見てみる。リカバリー率とは、パーオンしなかったホールで、パーかそれよりいいスコアであがった率のこと（アメリカのPGAでは「スクランブル」という）。つまり、寄せワンとチップインを含めた確率で、アプローチのうまさを端的に表した数字といっていい。名前の上にある数字は、リカバリー率の順位だ。

①片山晋呉　72・71％
⑰B・ジョーンズ　61・89％
④S・K・ホ　65・92％
⑬D・スメイル　63・03％
⑫矢野　東　63・38％
⑦P・マークセン　64・49％
㉙谷原秀人　60・78％
⑪武藤俊憲　63・56％
②S・コンラン　66・53％
③藤田寛之　66・43％

なんと、平均ストロークのベスト10にいる選手のうち5人もがリカバリー率でもベスト10に入っている。

両部門ともトップの片山晋呉はさすが賞金王というところだが、リカバリー率が2位のS・コンラン（平均スコア9位）、3位の藤田寛之（平均スコア9位）、4位のS・K・ホ（平均スコア3位）も立派というしかない。

リカバリー率のベスト10に入らなかった選手でも、その順位は11位、12位、13位と上位に食い込んでいる。もっとも悪いのは谷原秀人の29位だが、それでも彼のリカバリー率は平均（50位の選手で58・18）より上。ともかく10人全員がリカバリー率のトップ30に入っている。

ちなみに、サンドセーブ率（グリーンサイドのバンカーに入ってから2打かそれより少ない打数でカップインする率）の1位は藤田寛之で61・95%、4位はS・K・ホの57・95%、7位は片山晋呉の55・95%となっている。

こうなると、アプローチのうまさとスコアは比例する、といっても過言ではないことがおわかりだろう。

「パット・イズ・マネー」とはよくいうけれど、よくよく考えてみれば、1パットでカップインさせるためには、カップまでの距離が短いほうがいいに決まっている。

そのためには、アプローチが寄らなければならないわけで、じつは「アプローチ・イズ・マネー」といったほうが真実をついているのだ。

ゴルフは、「あがってナンボ」、つまりスコアがすべてだ。

ということは、ゴルフがうまくなりたければ（スコアを縮めたければ）、何をおいてもアプローチのテクニックを磨くのがいちばんの早道、ということがおわかりのはずである。

「飛ばし屋はアプローチが下手」という事実

もうひとつ、興味深いデータをお見せしよう。それは、ドライバーの飛距離およびリカバリー率と平均ストロークの関係についてのデータである。

平均ストローク・ベスト10の選手でドライビングディスタンス部門（ティーショットの平均飛距離）の30位以内に入っているのは、B・ジョーンズ（4位・293・01ヤード）、武藤俊憲（12位・289・18ヤード）、P・マークセン（17位・287・14ヤード）の3人だけだ。

一方、リカバリー率の上位4人のドライビングディスタンスは、片山晋呉は46位位（279・04ヤード）、S・コンランは62位（274・47ヤード）、藤田寛之は64位（273・69ヤード）。S・K・ホに至っては98位（261・83ヤード）と、その飛距離が全員、並か並以下であることに注目してほしい。

仮に、ドライビングディスタンスのトップ30を〝飛ばし屋〟とすると、そのなかで平均ストロークのトップ30に入っている選手は、小田孔明（ドライビングディスタンス2位、平均ストローク14位）、B・ジョーンズ（4位、2位）、石川遼（7位、16位）、宮本勝昌（11位、18位）、武藤俊憲（12位、8位）、上井邦浩（15位、23位）、P・マークセン（17位、6位）、甲斐慎太郎（26位、22位）、岩田寛（28位、20位）の9人だ。

一方、リカバリー率のトップ30を〝アプローチ上手〟とすると、そのなかで平均ストロークのトップ30に入っているのは、先の10人のほか、ドンファン（リカバリー率5位、平均ストローク11位）、山下和宏（10位、25位）、横尾要（16位、21位）、近藤共弘（18位、12位）、手嶋多一（24位、23位）、貞方章男（26位、28位）、岩田寛（27位、20位）と、17人もいる。

これらの事実はふたつのことを物語っている。

ひとつは、すでに述べたように、飛ばし屋よりアプローチのうまい選手のほうが平均ストロークがいいということ。

もうひとつは、飛ばし屋より〝飛ばないゴルファー〟のほうが、アプローチがうまく、結果的にスコアもいいということである。

では、なぜ、飛ばないゴルファーのほうが、アプローチがうまく、結果的に平均スコアもいいのか？

理由は単純である。飛ばない→パーオンしない→アプローチの機会が増える。ゆえに、アプローチがうまくなるのだ。

あるいは、こうも考えられる。

飛距離は筋力やバネなど天性の身体能力によるところが大きいけれど、アプローチには筋力もバネもいらない。そこで、飛距離では逆立ちしても飛ばし屋にかなわない〝飛ばないゴルファー〟は、飛距離以外のアドバンテージを得るべくアプローチの技術を磨いた。その結果、彼らはアプローチがうまくなり、ついでに平均ストロークでも飛ばし屋を上回ったというわけだ。

なるほど、ゴルフの理想は、すべてのホールをパーオンして、それを1～2パットでおさめること。つまり、アプローチをしなくて済むということだろう。だがプロゴルファーでも、その平均的なパーオン率は61・81％（50位の選手）しかないことを考えれば、18ホールで少なくとも7ホールはアプローチをしなければならないということになる。

そこでのリカバリー率が、片山晋呉（72・71％）と100位の葉偉志（49・52％）のように20％以上の開きがあれば、それだけで1～2ストローク違ってくる。72ホールでいえば、その差は5～6打にもなるわけで、アプローチの下手なプロは、これはもう致命的といえる。

アプローチが重要なのはプロよりアマ

プロゴルファーのデータをもとに話をすすめてきたが、これまで述べたことは、すべてアマチュアゴルファーにも当てはまるはずだ。いや、アマの場合、パーオン率はプロよりぐっと下がる、つまりアプローチの機会がもっと増えるのだから、そこでの技量の差は、プロ以上に大きなストローク差となって表れることはいうまでもない。

仮に、あなたのパーオン率を3割とすると（かなりの腕前といっていい）、18ホール中、12～13ホールはパーオンができない、つまりアプローチをしなければならなくなる。このうち、いくつ寄せワン（アプローチでボールをピンに寄せて、1パットで入れること）でしのげるか？

アプローチのうまいシングルは、4〜5割の確率でパーを拾ってくるが、そうでないアベレージ氏は1〜2割がやっとだろう。ということは、それだけで4打くらいの差がつくということである。ましてや、18ホール中、1〜2ホールしかパーオンしないゴルファーともなれば、アプローチの重要性がますます高まることはいうまでもない。

シングルまであと一歩というゴルファーのなかには、「自分より飛ばないシングル」「不格好なスイングでショボい球しか打てないシングル」を横目で見ながら、「自分のほうがうまいはずだ」と内心、舌打ちをしている人もいるのではないか。

おそらく、そういうゴルファーは〝飛ばす練習〟や〝フルショットの練習〟ばかりしているはず。たしかにそれでショットは、「飛ばないシングル」よりうまくなるかもしれないが、スコアでは負ける。

一方、「飛ばないシングル」や「ショボい球しか打てないシングル」は、そういう自分を知っているから、アプローチの練習をせっせとやって、スコアをまとめてくる。

つまり、「ショットはうまくても、アプローチの下手なアベレージゴルファー」と「ショットはショボくても、アプローチのうまいシングル」のハンデの差が仮に5あったとすれば、アプローチの巧拙によって生じるストローク差は、5打以上あるということである。

逆にいえば、「飛ぶアベレージゴルファー」が「飛ばないシングル」と同じくらいのアプローチのテクニックがあれば、一気に立場が逆転できるのだ。

ましてや、アプローチをミスして、グリーン上を何往復もしているようなアベレージゴルファーの場合は〝伸びしろ〟が大きいから、アプローチが少しうまくなるだけで、たちまち1ラウンドで5～6打は違ってくる。

たしかに、練習場でドライバーを何十発も打つ練習にも意味はあるし、また若いうちはそういう練習も必要だろう。しかし、とにかくスコアを縮めたいとあなたが思うのなら、そしてそろそろ飛距離も頭打ちになってきたというのなら、ドライバーやフルショットの練習を半分以下にして、その分をアプローチに回すことである。

シングルゴルファーたちの練習をよ～く観察してみてほしい。彼らは、たいてい練習の半分以上の時間をアプローチに割《さ》いている。ふだんあまり練習しないシングルや若いときのようなパワーも柔軟性もない中高年のシングルゴルファーのなかには、ラウンド前にアプローチとパッティングだけはやるという人が少なくない。あるいは、家のなかで2～3ヤードのチップショットの練習やパッティングの練習を欠かさなかったり。

彼らとて、もちろん飛ばすことを諦《あきら》めているわけではないはずだ。しかし、それでもアプローチの練習を熱心にやるのは、彼らが、ゴルフのスコアの半分くらいはアプローチで決まる、ということをよ～く知っているからなのだ。

アプローチがうまくなると他のショットまでよくなる理由

プロローグの最後に、アプローチがうまくなると、ふつうのショットまでうまくなるというおいしい話をしておこう。

理由はふたつある。

ひとつは、アプローチショットは特別なショットではなく、ドライバーも含めたすべてのショットの基本になるものだからだ。

アプローチの基本は、サンドウェッジ（SW）のハーフショット。つまり、ロフトなりの高さで50ヤード前後の距離を打つというものだ。そのためには、

①狙ったところに（方向）、
②ロフトなりの高さのボールで（高さ）、
③振り幅どおりの距離を（キャリー）、
正確に打つ必要がある。

つまり、アプローチには、方向、高さ、距離というスイングに求められる3要素がすべて含まれている。そして、この3要素をすべて満たすためには、身体の使い方（スイングプレーン）、クラブさばき、そして距離感が正確でなければならない。

フルショットは、このハーフショットの振り幅を大きくしただけのものだ。だから、本来なら、フルショットは得意だが、ハーフショットは苦手ということはありえない。もし、そういうゴルファーがいるとすれば（じつは意外に多いのだが）、それはハーフショットをわざわざ特殊な打ち方をしているか、〝緩《ゆる》めて〟打っているかのどちらかだろう。

正しいハーフショットができるようになれば、その人のフルショットは力を入れなくてももっと飛ぶようになるし、曲がらなくなる。つまり、アプローチがうまくなれば、ふつうのショットもうまくなるのである。

アメリカのゴルフスクールでは、まったくのビギナーには、アプローチの基本中の基本といえるウェッジでのチップショット(10ヤード前後の、日本でいう短い距離のピッチ&ラン)を教えるというが、それはチップショットがもっとも簡単で、なおかつゴルフのスイングの基本になるものだからだ。

アプローチに自信が持てると〝気持ちの余裕〟ができる

アプローチがうまくなると、ふつうのショットまでうまくなるもうひとつの理由。それは、メンタルなものだ。

アプローチがうまくなると、どこからでも寄せられるという自信が生まれてくるから、無理にグリーンを狙う必要がなくなる。この気持ちの余裕が、スコアメイクにとってはじつに大きな意味をもつ。

アベレージゴルファーのなかには、自分の技量のことを忘れて「ピンしか見えていない」人が少なくない。

もちろん、ピンそばに寄ることなど1ラウンドに1回あるかないかで、ほとんどの場合は、グリーンを外す。

しかも、外したところが花道などライのいい場所ならいいけれど、自分のミスシヨットの傾向をつかんでいなかったり、グリーンに乗らなかったときのことを想定していなかったりするから、ボールはとんでもないところに行ってしまう。そして、さらに悪いことに、そういうゴルファーは、まずアプローチの技術がないがためにボギーオンすらできないハメになり、結局はダボの山を築いてしまう。

一方、アプローチのうまいゴルファーは、ミドルアイアンより長いクラブを使うときは、無理にグリーンを狙わず、グリーンに届かないことを承知で、花道あたりを狙うことが多い。バンカーショットに自信があるのなら、「寄せやすそうなバンカー」まで含めて、より広いターゲットを設定するのだ。

当然のごとく、その狙い場所は、「ピンしか見えていない」ゴルファーより、数倍広くなっている。

そうなると気楽にスイングできるのがゴルフだ。その結果、ラクなアプローチが残り、難なくパーということになる。

ドライバーは自分のほうが飛んでいるのに、あがってみたら、こっちはダボで相手の〝飛ばないシングル〟はパー……。

おそらくアベレージゴルファーのラウンドには、こんなことが日常茶飯事のはずである。

「アプローチは〝球遊び〟にすぎない」という意識を

さて、ここまで紙数を費やせば、アプローチの重要性は十二分にわかっていただけたはずだ。

あとは、この本を読み、実践し、アプローチの腕を磨いていただくだけだが、この項の最後に、あなたの背中をもうひと押しする意味で、マスターズの創始者・球聖ボビー・ジョーンズの言葉を紹介しておこう。

「チップショットこそ、ゴルフにおいてもっともストロークを節約するものである。いまでもそうだが、わたしがまだアイアンで失敗ばかりしていたころ、このチップショットの練習に励んだものだ。そうでなかったら、もっと多くのストロークを失っていたに違いない」（『ダウン・ザ・フェアウェイ』菊谷匡祐訳・小池書院）。

くり返すが、アプローチショットには、特別な身体能力はまったく不要だ。ポイントは、クラブフェイスの、どこを、どんな角度と向きで、どれくらいのスピードでボールに当てるか、だけである。

その組み合わせはそれほど多くはないし、自分の思い描いたボールを打つために何年もかけなければ習得できないような秘技もいらない。

ドライバーのフルショットと違って、アプローチショットは、使うクラブのシャフトも短ければ、クラブの振り幅も小さい。ボールをコントロールすることは、ドライバーやアイアンとは比較にならないほど簡単なのだ。それが証拠に、ドライバーやロングアイアンでは、ロブショットも打てないし、深いラフから脱出することもできないではないか。

そのあたりがわかってくれれば、アプローチなどちょっとした〝球遊び〟でしかないことにあなたは気がつくはずだ。

アベレージゴルファーは、アプローチの基本を知らないがゆえに、アプローチをむずかしく考えすぎている。理屈がわかったうえで、ある程度の練習を積めば、こんなに楽しく、スコアメイクに直結するショットもない。

イメージがわいたら、さっと構えて、さっと打つ。すると、丸めたちり紙をごみ箱に放り投げるように、ボールはカップに向かって近づいていく——。

この本を読んで、練習を積めば、そんなラウンドが現実になることを保証する。

（なお、本書の「左右」についての表記は、すべて読者が右打ちという前提に立っている。レフティーのゴルファーには申し訳ないけれど、左右を逆にしてお読みください）。

1章

●全然むずかしくない——

距離をピッタリ打つ確実な方法

あなたがアプローチを不得手とする理由

アプローチショットがうまくなるためには、クリアすべきポイントが四つある。

それは、

①距離を打ち分ける
②ボールの高さを打ち分ける
③さまざまなライに対応する
④ベストな攻め方を見つける

の四つだ。

①〜③はテクニックであり、④は頭の問題である。この四つが90%の確率でできるようになれば、極端な話、オーガスタだろうがセント・アンドリュースだろうが、少なくともアプローチに関しては、90%の確率で寄せワンが可能になる。まあ、それがタイガー・ウッズでも不可能なのは、とくに③の「さまざまなライに対応する」というのがきわめてむずかしいからなのだが、それについては後の章で解説するとして、この章では、アプローチでもっとも大切になる①の「距離の打ち分け方」に

ついて解説していこう。

前著『頭がいいゴルファー 悪いゴルファー』のなかで、われわれは「ロングゲームは方向性を、ショートゲームは距離感を大切にせよ」という話をした。

ショートゲーム、つまりアプローチショットの目的は「カップに寄せる」ことだが、そのためには、ここと決めた落とし場所にボールを運ぶことが大前提になる。それには、その落とし場所までの距離を正確に打たなければ話にならないが、アベレージゴルファーは、「正確な距離を打つ」というところですでに不合格という人が多い。アプローチショットの場合、シャンクはべつとして、ボールが明後日《あさって》の方向に飛んで行くということはまずない。圧倒的に多いのは、ショートしたり、オーバーしたりの〝距離のミス〟なのである(ダフリもトップも、結果として距離のミスになる)。

では、なぜ、アプローチでは〝距離のミス〟が多いのか？

それは、アプローチは99％がコントロールショットだからだ。アプローチショットの距離がウェッジでフルショットできる距離なら話は簡単なのだが、ほとんどの場合、距離やボールの高さ、さらにはスピン量までコントロールしなければならない。で、この「コントロールしなければならない」という意識が過剰になると、ついつい人間はミスをやらかしてしまうのだ。

具体的には〝手打ち〟によるミスがひじょうに多い。「コントロールしよう」という意識が強くあると、人間はどうしても手に頼ろうとする。なぜなら、人間の身体のなかでもっとも器用なのが手だからだ。

ところが、ゴルフでは、手に頼るとほとんどロクなことがない。手に仕事をさせると、器用なだけに、その都度、違うことや余計なことをやってしまう。つまり、手打ちのスイングには正確性も再現性も少ないのだ。

片山晋呉は「自分の身体には手も腕もない」つもりでスイングしているという。アプローチの距離感を養うためには、まずは「手に仕事をさせない」ことが肝心なのである。

どんなに短い距離でも身体を回転させるべし

手に仕事をさせない――ということは、裏をかえせば「身体に仕事をさせる」ということである。

たとえば、SW（サンドウェッジ）のハーフショット。フルショットが80ヤードという人なら、ハーフショットは50ヤードくらいのはずだが、アプローチの距離感を身につけるためには、まずはこの50ヤードを「手に仕事をさせない」で、徹底的に練習することだ。

基本的な打ち方は、フルショットのときと同じように、ボールは両足の真ん中でハンドファーストに構える。スタンスの向きは、身体が回りやすいようややオープン気味でもいいが、両肩とラインと腰の向きは、スクエアだ。フルショットと違うのは、

①スタンスの幅が少し狭くなる
②トップの位置が少し低くなる（意識としては腕が水平になったところくらいで、あとは、体重移動も上体のひねりも、フルショットのときと同じようにおこなわれる。つまり、身体の回転で打つということである。

身体の回転で打つというのは、距離が30ヤードでも10ヤードでも同じだ。距離が短くなればなるほど、スタンスの幅は狭くなり、トップの位置も低くなる。さらに体重移動の度合も少なくなるし（スタンス幅が狭くなれば必然的にそうなる）、上体をひねる度合も減るけれど（トップの位置が低くなれば必然的にそうなる）、基本的な打ち方はみな同じである。

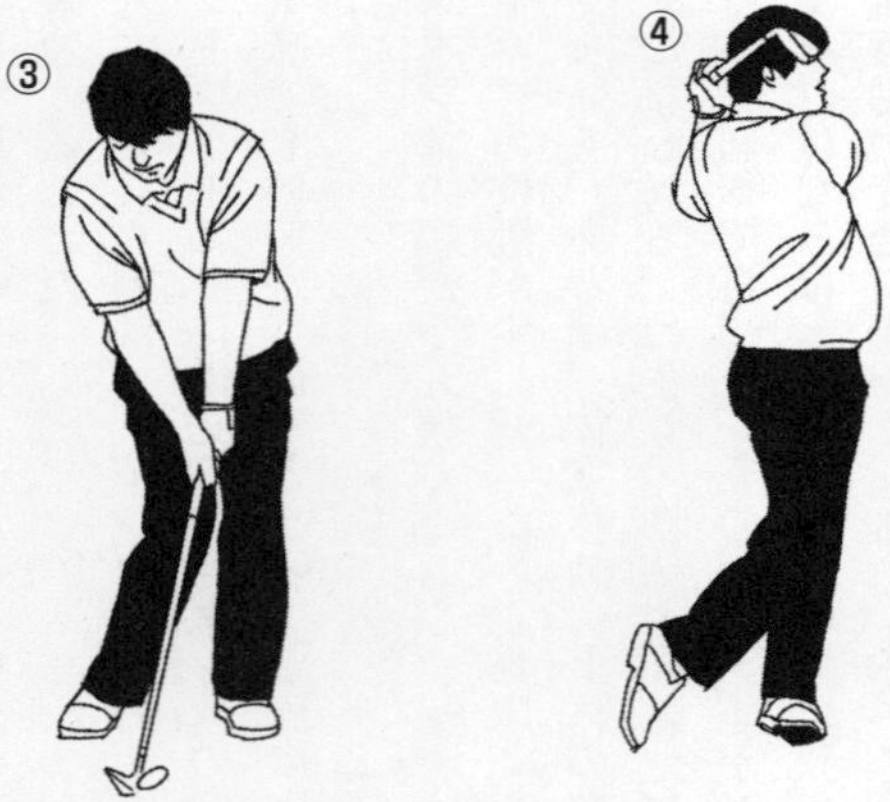

しっかり腰の位置（高さ）を固定して、体を回して打つ感覚

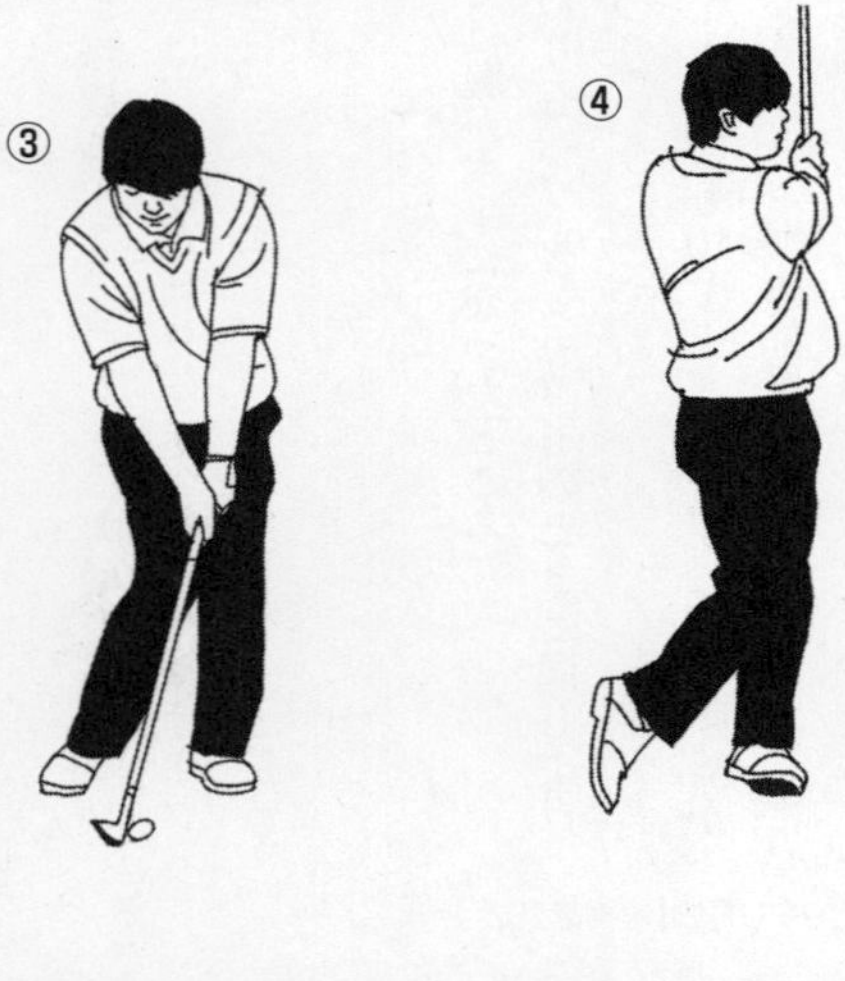

ハーフショットもフルショットも身体の回転で打つ意識が大切

SWを使ったフルショット

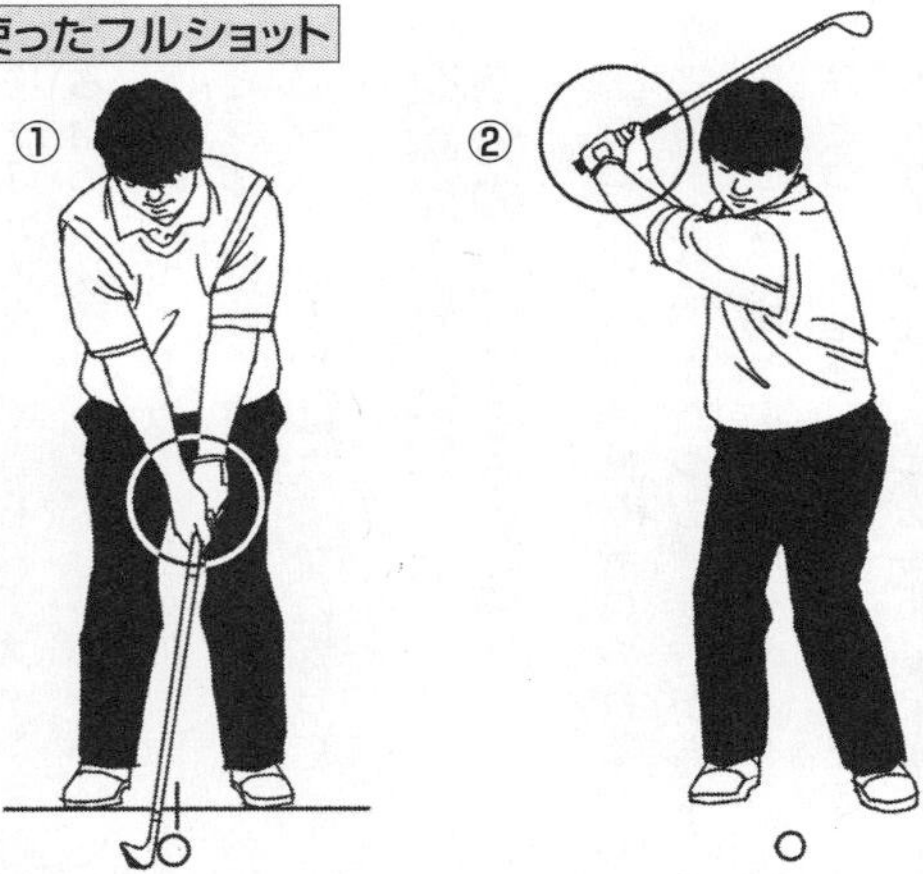

クラブはハンドファーストに、ボールは身体に近い位置にセットし、両足の真ん中に置く

SWを使ったハーフショット

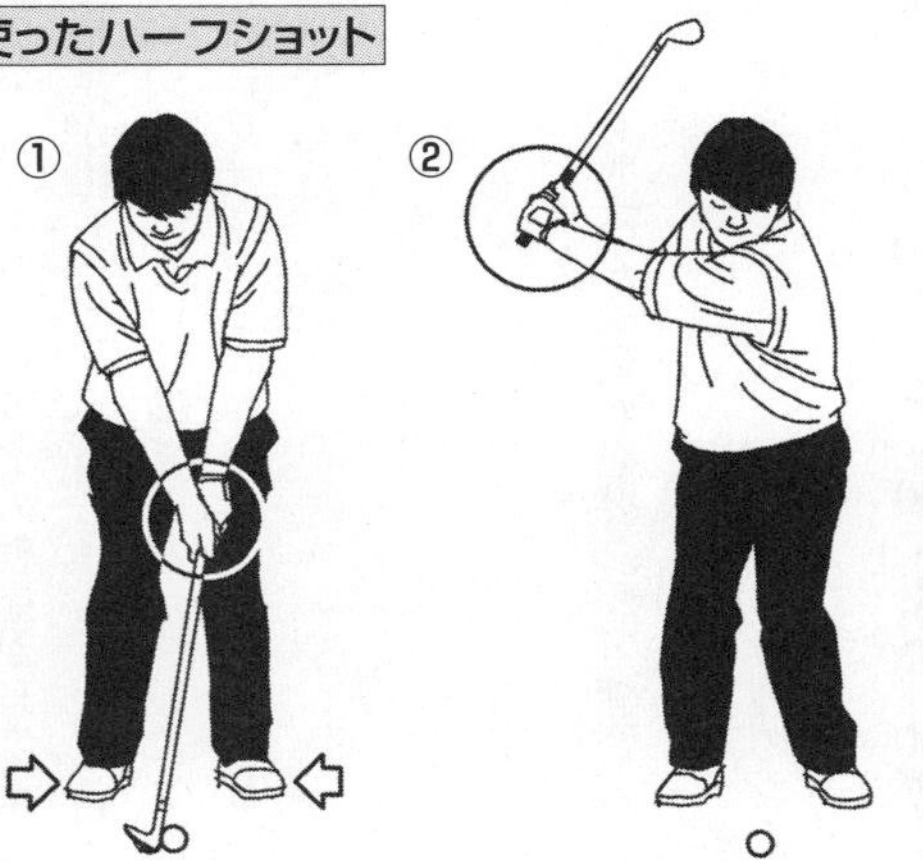

ハーフショットのほうがスタンス幅が少し狭いため、ややオープンに構え、膝が少し曲がる

トップの位置を少し低く、腕が水平になるくらいの意識で

一般にアベレージゴルファーは、アプローチショットのスタンスが広すぎる傾向がある。スタンスの幅が広いと、身体が回りにくく、それが手打ちの原因になっているケースも多い。さらに、スタンス幅が広いと、クラブヘッドの軌道がU字型になるため、必要以上にボールが上がって距離感が出しづらくなる。

距離が30ヤード以内のときは、両足をくっつけるくらいに構え、左足を軸にクルッと身体を回転してみよう。タイガーのようにフィニッシュがピタリと決まれば、間違いなくボールはカップに寄っていくはずである。

距離感を確実に自分のものにする方法

アプローチの距離感を身につけるためには、もちろん練習が必要だが、練習の方法については、ふたつの考え方がある。

ひとつは、50ヤードなら50ヤードの距離を徹底的に練習して、自分の身体のなかにひとつの〝基準〟をつくってしまうという方法。

もうひとつは、一球一球、ターゲットを変えて、50ヤード、60ヤード、40ヤードのように、距離を打ち分ける練習をするというものだ。

どちらも一理ある。前者は、自分の身体のなかに50ヤードなら50ヤードという〟基準〟があると、安心材料になるということがひとつ。「50ヤードなら、絶対に1ピン以内に寄せられるのだ」と思えるほど練習を積めば、それだけで実戦のラウンドでは大きな武器になる。こうした自信があれば、結果はともかく、スイングに迷いや不安が生じなくなるからだ。ゴルフでは、迷いや不安があるとほぼ100%、ミスをする。

また、50ヤードの〟基準〟がしっかりあれば、「60ヤードなら、これくらい」「40ヤードなら、これくらい」のように、応用が効きやすいということもある。自信のある50ヤードに、少しだけ匙加減《さじかげん》を加えればいいというわけだ。

一方、後者の練習法がいいのは、きわめて実戦的だということである。実際のラウンドでアプローチショットをするときというのは、毎回、距離が違う。歩測しても、パッと見た感じでもいいが、たとえばキャリーで45ヤード打つと決めたら、試技なしでその距離を打たなければならない。リハーサルなしで、いきなりぶっつけ本番に望む俳優のようなものだが、練習で一球一球、違う距離を打ち分けていると、「45ヤード打つ」と決めたときに、反射的に「こんな感じだろう」というスイングのイメージが出てくる。

この「こんな感じ」というイメージは、距離だけでなく、ボールの高さやスピンのかけ具合など、打ちたいボールの球筋やスピードによっても変わってくるが、とにかくここでは自分なりのイメージが出てくるということが重要。そして、そのイメージは、練習やラウンドでさまざまなアプローチを試してきたという積み重ねがあって初めて生まれるのだ。

結局、どちらの練習法がいいのかは、どちらのほうがそのゴルファーにとってイメージが出やすいか、で決まる。

アプローチに限らず、ティーショットでもパッティングでも、つねにぶっつけ本番でクラブを振らなければならないゴルフでは、これから打とうとするボールのイメージが何より大切なのだから。

距離を打ち分ける二つの方法

アプローチの距離を打ち分けるには、ふたつの方法がある。

ひとつは、ＳＷならＳＷ一本を使って、振り幅やフェイスの開き具合、グリップ、スタンスの幅、スタンスの向きなどで距離（やボールの高さ、スピン量）を調節する方法。もうひとつは至極単純、クラブを変えるという方法である。

前者の場合、距離を出すためには、
①振り幅を大きくする
②フェイスを閉じる
③グリップを長く持つ
④スタンスの幅を広げる
⑤スタンスの向きをスクエアにする
のいずれかの方法、もしくは複数のやり方を組み合わせるのがふつうだ。

距離が短いときは、これとは逆で、①振り幅を小さくする、②フェイスを開く、③グリップを短く持つ、④スタンスの幅を狭くする、⑤スタンスの向きをオープンにするというのが基本。そして、これらを組み合わせて、短い距離を打つ。

2章で詳しく述べるように、構えや打ち方を変えればそれぞれボールの高さやスピン量が変わってくる。つまり同じ距離を打つのでも、キャリーとランの割合が違ってくるということだが、ともかくこうした距離の調整法を組み合わせることで、SW一本でも1ヤードから80ヤードくらいまでの距離を打ち分けることができる。

後者のクラブを変える方法では、たとえばSWのハーフショットが50ヤードというゴルファーなら、ＡＷ（アプローチウェッジ）のハーフショットは60ヤード、ＰＷ（ピッチングウェッジ）は70ヤードのようになるはずだ。ＳＷを右膝《ひざ》から左膝まで振るチップショットが10ヤードなら、ＡＷのそれは12ヤード、ＰＷのそれは14～15ヤードという具合に、スイングはまったく変えないで距離が調節できる。

こう説明すると、ふつうは、後者のほうがスイングのバリエーションが少なくなる分だけマスターしやすいと思う人が多いはずだ。レッスン書にも、そう書かれているものが多いが、実際はどちらがいいとは一概にいえない。

たとえばアメリカのプロゴルファーには、タイガーやミケルソン、今田竜二のように、ロフトが60度以上もあるようなＬＷ（ロブウェッジ）一本で、さまざまな距離を打ち分けるタイプが多い。それは、彼らがＬＷを文字どおり自分の肉体の一部になるまで練習しているからだ。

丸山茂樹は、10歳でゴルフを始めた当初、砂場遊びに夢中になっている子どものように、バンカーで何時間もＳＷと戯《たわむ》れていたという。かくして彼らは、人間が素手でボールを投げるときのように、どんなふうにでも一本のウェッジを操《あやつ》れるようになった。ここまで一本のウェッジを使い込めば、下手に浮気はしないほうがいいというのも道理だろう。

もちろん、そんな彼らも、ライによっては、ＰＷやショートアイアンを使うこともあるが、それはあくまでミスの確率を考えてのこと。常識的にはＰＷのピッチ＆ランのほうが寄るという場面でも、使い慣れたＬＷでスピンをかけたほうが寄る可能性が高いと判断すれば、彼らは当たり前のような顔をしてＬＷを使う。

アマチュアにも、こういうタイプのゴルファーはけっこういる。ベテランの中上級者に多いが、ほとんどのアプローチをＳＷかＰＷ一本でやってしまう。その理由としては、ゴルフを始めたときから、なんとなくＳＷだけでやってきた（グリーン周りにそう何本もクラブを持っていけない）とか、９番アイアンの転がしなんてあまりやったことがないから距離感が出ないとか、まあその程度の理由だったりする。

丸山茂樹とはエラい違いだが、しかし、その程度の理由でもいいのだ。要は、そのゴルファーは、ほとんどの場合、ＳＷがほかのどんなクラブよりイメージが出やすいということ。それに対しては、誰も文句はいえないのだから。

とはいえ、長年、ＳＷ一本でやってきたベテランゴルファーが、ティーチングプロからショートアイアンの転がしを無理やり練習させられたところ、「何だ、こんなに簡単に寄るじゃないか！」と気づいたというケースもある。

アプローチの練習は単調で飽《あ》きやすい。そんなときは、いつもと違うクラブを使ってみることをおすすめする。

アプローチの「出球」をそろえる極意

プロゴルファーは、よく「出球《でだま》をそろえることが大切」という。「出球」とは、ボールが飛び出すときの方向と高さのことで、同じクラブで同じ打ち方をした以上、このふたつがそろっていないと、結果的に距離、方向ともにOKだったとしても、プロは満足しない。なぜなら、出球が違っているのに、距離と方向が同じというのは〝たまたま〟であり、それではボールをコントロールしたことにはならないから。出球がそろっていないうちは、安心してピンなど狙えないのだ。

「出球をそろえることが大切」なのは、アプローチも同じだ。アプローチの場合、フックやスライスをかけることはまずないから、問題になるのは「ボールの高さ」だ。で、これをできるだけ一定にするのが、距離感をつくるコツなのである。

ところが、アベレージゴルファーの場合は、アプローチショットを打つたびにボールの高さが違うことが多い。ボールの高さが違うのは、クラブの入射角やインパクト時のフェイスの開き具合がスイングのたびに違っているからだ。

さらにその原因を探っていくと、ボールの位置が違ったり、スタンスの向きが微妙に違ったりということが多い。ふつうなら、距離もバラバラになるはずだが、それでもときに距離が合うことがあるのは、長年の経験でインパクトの力加減などで距離を調節しているからだろう。しかし、これでは距離にバラつきが出るのも当然である。

アプローチの出球をそろえるためには、ボールの位置やスタンスの向き、ハンドファーストの度合など、まずはセットアップがつねに同じであることが肝心。セットアップが同じなら、クラブはいつも同じように下りてきて、同じ角度でボールに当たる。つまり、出球がそろってくるのだ。

アプローチの距離感は「低い球」でつくる

「出球をそろえる」ことについては、もうひとつ大切なことがある。それは、同じそろえるのなら、高い球ではなく低い球でそろえるということだ。

これはアマチュアゴルファーの典型的な勘違いなのだが、ウェッジを持つと、必要以上にボールを上げようとする人が多い。タイガーやミケルソンのロブショット

弾道が低いほうが距離感も合いやすい。恐れずに
基本どおり打てばスピンがかかりボールは止まる

の印象が強すぎるからかどうかは知らないけれど、プロがロブショットのような高いボールを打つのは、そうしないことには障害物が超えられないとか、グリーンでボールを止めることができないという場合に限られる。ほんとうはロブショットなどというリスクの高い方法は彼らも取りたくはないのだ。

アプローチの弾道は、低ければ低いにこしたことはない。なぜなら、そのほうが距離感が合いやすいからだ。高いボールを何球も打ち、距離をそろえるためには、放物線の頂点が同じでなければならないが、それをそろえるのは、プロにとってもひじょうに難度が高いのである。

手で野球のボールを10メートル先の目標

に投げるときのことをイメージしてみてほしい。ボールを高く放り投げたときと、ソフトボールのピッチャーのように低く放ったときとでは、どちらが寄るだろうか？ほとんどの人は低く放ったときのほうが寄る。それは、低いほうが滞空時間が短く、目標に対して直線的なイメージがつくりやすいからだ。高い球で狙うためには、まず放物線をイメージし、その頂点を目指してボールを放り上げることになるが、そのやり方で目標にピタリと着地させるのはひじょうにむずかしいのだ。

こういうと、低い球ではボールが止まらないという人もいそうだが、そんなことはない。プロはみな、低い弾道でも、２バウンド目あたりでキュキュッとスピンを効かせてボールを止めているではないか。

あれは、じつはそう特別なテクニックではない。詳しくは2章で解説するが、ウエッジはべつにカット打ちしなくても、クラブを加速させながらフェイスを低く入れて低く抜いていけば、ボールがフェイスの溝《みぞ》に乗っている時間が長くなり、低く飛び出してもちゃんとスピンがかかるようにできているのだ。

アマチュアゴルファーには、ＳＷのアプローチというと、フェイスを開いて、フワリとボールを上げるものと思い込んでいる人が少なくない。しかし、この打ち方は後述するようなロブショットに近い。で、この打ち方は、じつはスピンの効いた低いボールを打つより格段にむずかしいのである。

どんなに短い距離でもクラブを加速させる

ゴルフのスイングには、ドライバーからパターまで、あらゆるショットに共通した鉄則がある。それは、「トップからインパクトにかけて、クラブはかならず加速していなければならない」ということである。

こんなことをいうと、インパクトで力んでしまう人が多そうだが、クラブを無理に加速させる必要はない。クラブは、重力の働きによって自然に加速するのだ。

振り子を思い出してもらえばおわかりのように、ゴルフのスイングでは、クラブのヘッドはトップの位置から、地面にあるボールに向かって落下していく。これはどんなに低くクラブを入れたときでも同じ。クラブはかならず高いところから地面、つまり低いところに向かって下りてくる。ヘッドが最下点に到達したときは重力の働きによってトップスピードになっているはずで、「トップからインパクトにかけて、クラブはかならず加速していなければならない」というのは、太陽が東から昇って西に沈むがごとく、ごくごく当然のことなのだ。

ところが、世の中には、この当然のことを、無理やりさせまいとするゴルファーもいる。インパクト直前にヘッドに急ブレーキをかけたり、ふっと力を抜いてしまったりするゴルファーのことである。

前者は、アプローチショットでバックスイングが大きすぎるゴルファーに多い。当人も、クラブを振り上げたはいいが、「あ、この振り幅でボールを打ってはオーバーしてしまう！」と気がつくのだろう。そこで、インパクトの直前に、腕の振りを止めてヘッドの勢いを殺そうとする、つまり急ブレーキをかけてしまうのである。

じつになんとも器用なことができるものだ。

いや、なかにはアプローチとなると、つねに「大きく振り上げて、ちょこんと打つ」という打ち方が身についてしまっている人もいて、それでたまにはOKに寄ることもあるのだから、つくづくゴルフとは我流《がりゅう》でもなんとかなるスポーツなのだと感心してしまったりする。

けれども、こういう人は、3回に1回は、ザックリやる。当然である。勢いのついたクラブヘッドをインパクト直前に減速させようとすれば、クラブヘッドはボールの手前の地面に突き刺さるか、仮にボールに当たったとしても、思っているような距離は出ない。だから、この手のゴルファーのアプローチは、大ショートすることも多いはずである。

後者の「ふっと力を抜いてしまう」タイプは、いわゆる「インパクトが緩《ゆる》む」タイプのゴルファーだ。

べつにバックスイングが大きすぎるというわけではないのだが、距離をクラブの振り幅ではなく、インパクトの力加減で調節しようとする意識が働いているのだろう。そのため、インパクトの直前に、「このままではヘッドスピードが速すぎてオーバーする」という勘《かん》が働くと、ふっと力を抜いてしまうのだ。しかし、これも前者と同じ、ザックリかショートという結果に終わることが圧倒的に多い（パッティングでも〝緩む〟ゴルファーは多く、ショートするか、フェイスが開いて目標より右に出てしまうことがほとんどだ）。

大きすぎるバックスイングをブレーキをかけて調節しようとするのも、インパクトを緩めることで距離を調節しようとするのも、どちらも「手打ち」であることには変わりがない。

アプローチで手打ちをしない、つまり緩まないためには、振り幅を決めたら、あとはそれで寄ることを信じて、しっかりとクラブを加速させることである。「加速させる」というと、クラブを操作しなければならないようなイメージがあるのなら、

「クラブヘッドの自然な動き（落下）に任せる」と言い換えてもいい。

クラブヘッドが加速しながらボールをとらえると、そのボールはしっかりクラブフェイスに乗り、スピンもかかる。最初は自分のイメージよりボールの初速が速いだろうが、スピンがかかっているから、ボールは急ブレーキがかかるようにカップのそばで止まってくれるのだ。

絶対に守りたい左右対称の基本スイング

ここで、アプローチの基本的なスイングについてまとめておこう。
①ボールの落とし場所を決めたら、その距離を打つためのスイングの大きさをイメージする。
②スイングの大きさが決まったら、それに応じたスタンスの幅（距離が短いほどスタンス幅が狭くなる）を取り、アドレスに入る。
③ボールは両足の真ん中（オープンスタンスなら、つま先が左を向くので、右に見える）。両肩と腰のラインはスクエアに。
④クラブはハンドファーストにセット。このときの手首の角度をフィニッシュまで

自然に身体が回る感じ。どちらかといえば横ぶりの意識をもってもいい

スイングの大きさは左右対称。膝は軽く曲げる程度、左足体重のベタ足で

○

変えないようにする。

⑤身体を回して、決めたトップの位置までクラブを上げ（腕で上げないこと！）、ヘッドを加速させながら（自然の落下に任せながら）インパクト。

⑥スイングの大きさは左右対称。つまり、フィニッシュの高さは、トップと同じ。ただし、手や腕で調節するのではなく、あくまで身体の回転でスイングする。フィニッシュでは、身体も、バックスイングで右を向いた分だけ、左を向いている。

バックスイングが大きく、フォローが小さい人は、前項で述べたように手打ちになりやすい。反対に、バックスイングが小さく、フォローが大きい人は、まだマシとはいえ、すくい打ちになりやすい。実際は、

頭の悪いゴルファー

身体を回さず、手打ちになれば、ボールのとらえ方がその都度違い、ショットは安定しない

バックスイングが大きくフォローが小さい悪い例

遠心力が働いてフォローのほうが大きくなるものだが、意識としては、あくまで左右対称のつもりでいい。

このほか、アベレージゴルファーでやりがちなミスは、セットアップで上体を屈《かが》みすぎたり、膝を折りすぎてしまうことだ。距離は短いし、ここは何としても寄せたい――そんな気持ちが強すぎると、つい身体がボールに近づいてしまうのだろう。

しかし、身体を必要以上に〝小さく〟すると、インパクトでの〝伸び上がり〟の原因になる（具体的にはトップしやすい）。膝は軽く曲げるだけでいいし、上体も少し傾けるだけでいい。リラックスした状態で、もっともスムーズに身体が回るような姿勢を見つけてほしい。

もうひとつ、アプローチのポイントは、できるだけベタ足でスイングするということ。短い距離を打つアプローチでは、インパクトで右足を蹴《け》る必要もなければ、必要以上に右のかかとを浮かせる必要もない。アドレスしたその場で、身体が上下動せずにクルっと回るのがアプローチのスイング。それにはベタ足のほうが軸がブレなくていいのだ。

また、アプローチでは、距離が短くなるほど、体重移動はしない。そもそも体重移動は、ボールを飛ばすための動作であり、飛ばす必要のないアプローチには不要といってもいい。原則は、左足に体重をかけ、その左足を軸にクルリと身体を回せばいいのである。

アプローチの素振りはボールを見ない

この章の最後に、アプローチでもっとも重要な「イメージの出し方」について、もう一度述べておこう。

ボールの落とし場所を決めたら、たいていのゴルファーはそこで何回か素振りをする。それはもちろん大切なことなのだが、このとき、ボールをしっかり見ながら素振りをするゴルファーが少なくない。

おそらく「ヘッドアップしない」「ボールを見て、しっかり打つ」ということを自分に言い聞かせながら、素振りをしているのだろう。

しかし、ボールを見ながらの素振りでは、じつは距離感がでない。プロゴルファーの素振りを観察すればわかるように、アプローチの素振りは、ボールの落とし場所を見ながらしないと、距離感が出ないのだ。

ゴルフは、射撃やアーチェリー、ダーツなどと同じく、「的《まと》を狙うスポーツ」だ。この手のスポーツでは、選手はみな的を射るように見つめている。タイガー・ウッズもしかり。ピンを狙っているときのタイガーは、まさに獲物を狙う鷹のような鋭い目をしている。「あそこに打とう」「あそこにボールを運ぼう」と思えば、その目標地点をじっと見るのが当然。そうしないことには、目標までの距離感やボールの球筋がイメージできないからである。

ところが、ゴルファーのなかには、目標よりボールばかり見ている人が少なくない。これでは「ボールに当てる」ことばかりに意識がいってしまい、「ボールを目標に運ぶ」ことなどできなくなるのだ。

同じことは、インパクト後にもいえる。「ヘッドアップしない」ことをゴルフの鉄則だと思っているゴルファーは、アプローチショットでボールを打ったあとも、しばらく頭を下に向けたままでいることが多いが、これは二重の意味で間違っている。

ひとつは、頭を下に向けたままでは身体がうまく回転せず、手打ちになりやすいということ。もうひとつは、インパクト後は、頭を上げてボールの行方《ゆくえ》を確認しないと、距離感のイメージが脳に蓄積されないということである。

アプローチショットのインパクトを終えたら、身体の回転とともに自然に頭を上げてボールの行方を見よう。そして、自分が思い描いたイメージどおりのボールが打てたかどうかを確認するのだ。

当然ながら、最初のうちは素振りのイメージと実際のショットには、距離やボールの高さなどかなりの誤差があるだろう。しかし、誤差をしっかり確認しておけば、それは次のショットにかならず役立つ。そうやって、イメージと実際を行きつ戻りつしながら、しだいに誤差をゼロにしていく。アプローチがうまくなるには、結局、それしか方法がないのだ。

2章

高さを変えて寄せる

手堅いワザ

なるほど、そうか——

ランニング・アプローチ篇

「転がせるところは転がす」のがアプローチの基本

この章では、アプローチショットの「ボールの高さ」を打ち分ける方法について紹介していく。まずは、ボールの弾道がもっとも低いランニング・アプローチ、いわゆる〝転がし〟である。

〝転がし〟を使うのは、おもにグリーン周り。グリーンエッジまで5ヤード以内のところにボールがあり、誰しもが寄せワンを狙いたい場面だ。

こうした場面では、昔から「転がせるところは、転がせ」といわれてきた。これには三つの理由がある。

ひとつは、〝転がし〟が、パターのように打てる、つまりショットとして簡単だからだ。

ふたつ目の理由は、〝転がし〟は距離感が出しやすいということがある。1章で、ボールは低く出したほうが距離感が合いやすいといったが、その究極が〝転がし〟というわけである。

三つ目の理由は、〝転がし〟はチップインの可能性があるということ。高く上がったボールは、グリーンにポトンと落ちて、さほど転がらずに止まってしまうから、カップインの可能性は低い。しかし、最初から転がしたボールは、パッティング同様、うまくラインに乗ればカップインの可能性が高いというわけである。

このほか〝転がし〟は、ボールが低いだけに風の影響を受けないというメリットもある。

というわけで、ゴルフでは「転がせるところは転がす」のが基本といわれるのだが、ただし、〝転がし〟を成功させるためには、技術をうんぬんする以前に、いくつかの条件がある。

〝転がし〟を確実に成功させる条件とは

〝転がし〟を成功させるためには、大前提として、使うクラブの振り幅と転がる距離の関係をしっかりつかんでおく必要がある。

ふつう〝転がし〟に使用するクラブは、長いクラブからいうと5〜6番アイアンからSWまで7〜8種類ある（後述するように、フェアウエイウッドやユーティリティ、パターも含めれば、その数はもっと増える）。

当然ながら、長いクラブほどロフトが立っているから、ボールは低く出て、しかも勢いがあるから、キャリーは短くともよく転がる。反対に、ロフトの大きなクラブは、フェイスをかぶせてもある程度、ボールは上がるしスピンもかかるから、ランが少なくなる。クラブごとのキャリーとランの比率は、だいたい以下のとおりだ。

クラブ	キャリー	ラン
SW	1	1
PW	1	2
9I	1	3
8I	1	4
7I	1	5
6I	1	6
5I	1	7

ただし、これはあくまで目安。実際は、フェイスのちょっとした閉じ開きや、クラブの入射角、そしてもちろんグリーンの速さによってキャリーとランの比率が違ってくることはいうまでもない。そのあたりは、練習でクラブごとのキャリーとランの比率をつかみ、グリーンの速さについてはラウンドでアジャストしていくしかない。

もうひとつ、〝転がし〟を成功させるためには、ボールの着地点をグリーンにするというのが条件になる。

これは、ほかのアプローチでも同じなのだが、グリーン以外の場所にボールを落とすと、ライや芝（ラフの場合も）の影響で、その後の転がり具合が読みにくくなるからだ。その点、グリーンは面の凹凸が少ないし、地面の硬さも一定だから、転がり具合が読みやすいのである。

さらに、グリーン上のボールを落とす場所は、できるだけグリーンエッジに近いところ、具体的にはエッジから1～2ヤード先に落とすことだ。なぜなら、落とし場所は近ければ近いほど距離感が合いやすいからだ。で、これらのことを総合すると、ボールとグリーンエッジ、そしてグリーンエッジからカップまでの位置によって、〝転がし〟に使うクラブが自動的に導き出されることがおわかりだろう。

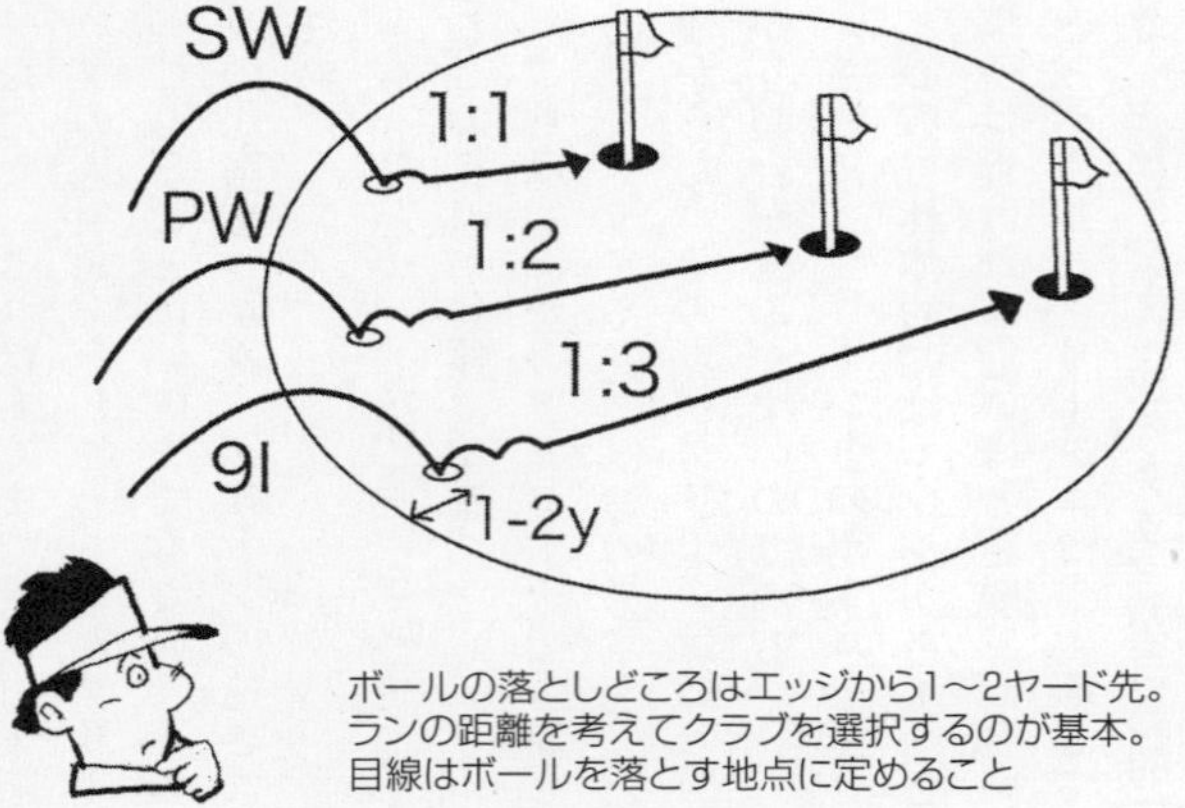

ボールの落としどころはエッジから1〜2ヤード先。ランの距離を考えてクラブを選択するのが基本。目線はボールを落とす地点に定めること

たとえば、ボールはグリーンエッジから2ヤード手前の花道にあり、カップはエッジから13ヤードのところにあるとする。

このとき、〝転がし〟で寄せようとするならば、ボールの落とし場所はエッジから1〜2ヤードのところになるから、使用するクラブは、キャリーが3〜4ヤードで、ランが11〜12ヤードのクラブがぴったりということになる。

先の〝公式〟でいえば、キャリーとランの比率が1対3か1対4のクラブ。すなわち、8番アイアンか9番アイアンというわけである。

もちろん実際のラウンドでは、グリーンの傾斜や硬さも考慮してクラブを選択するが、基本的な考えは以上のとおりだ。

パターのように打つか、身体を回転させるか

次は、ランニング・アプローチの具体的な打ち方について。その方法は、大別するとふたつある。

ひとつは、パターのように打つ方法だ。グリップを極端に短く持ったら、あとはパッティングとまったく同じアドレスを取り、クラブをパターのつもりで打つ。人によっては、パターと同じグリップのほうがうまくいく場合もある。

すべてがパターと同じだから、ボールは真ん中か、むしろ左足寄りになる。クラブの軌道は、パッティングと同じく「真っ直ぐ引いて、真っ直ぐ出す」つもりでいい（実際は、若干「イン・トウ・イン」になる）。手首はつかわず、肩の上下動でストロークする。インパクトでフェイスは返さず、あくまでフェイスでボールを目標方向に押し出すイメージ。もちろんスピンはかからない。

なかにはヘッドがきれいに抜けない人もいるが、それはたいていヒールが地面につっかかっているから。こういう人はハンドアップ気味に構えて、ヒールを少し浮かせるといい。この打ち方は、ライの悪いときにも使える。

7Iを使ってパターのように転がす打ち方

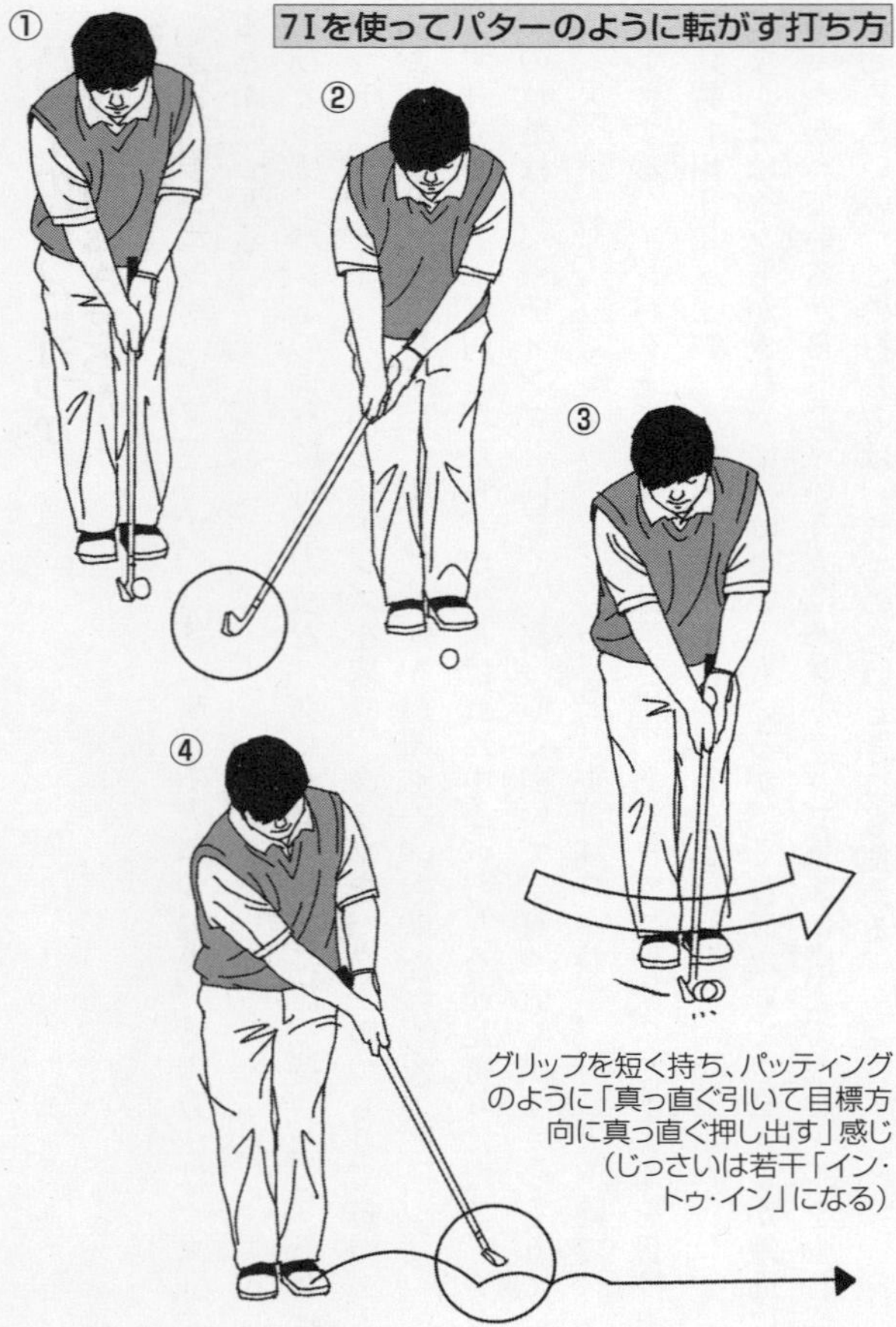

グリップを短く持ち、パッティングのように「真っ直ぐ引いて目標方向に真っ直ぐ押し出す」感じ
（じっさいは若干「イン・トゥ・イン」になる）

7Iを使って身体を回す打ち方

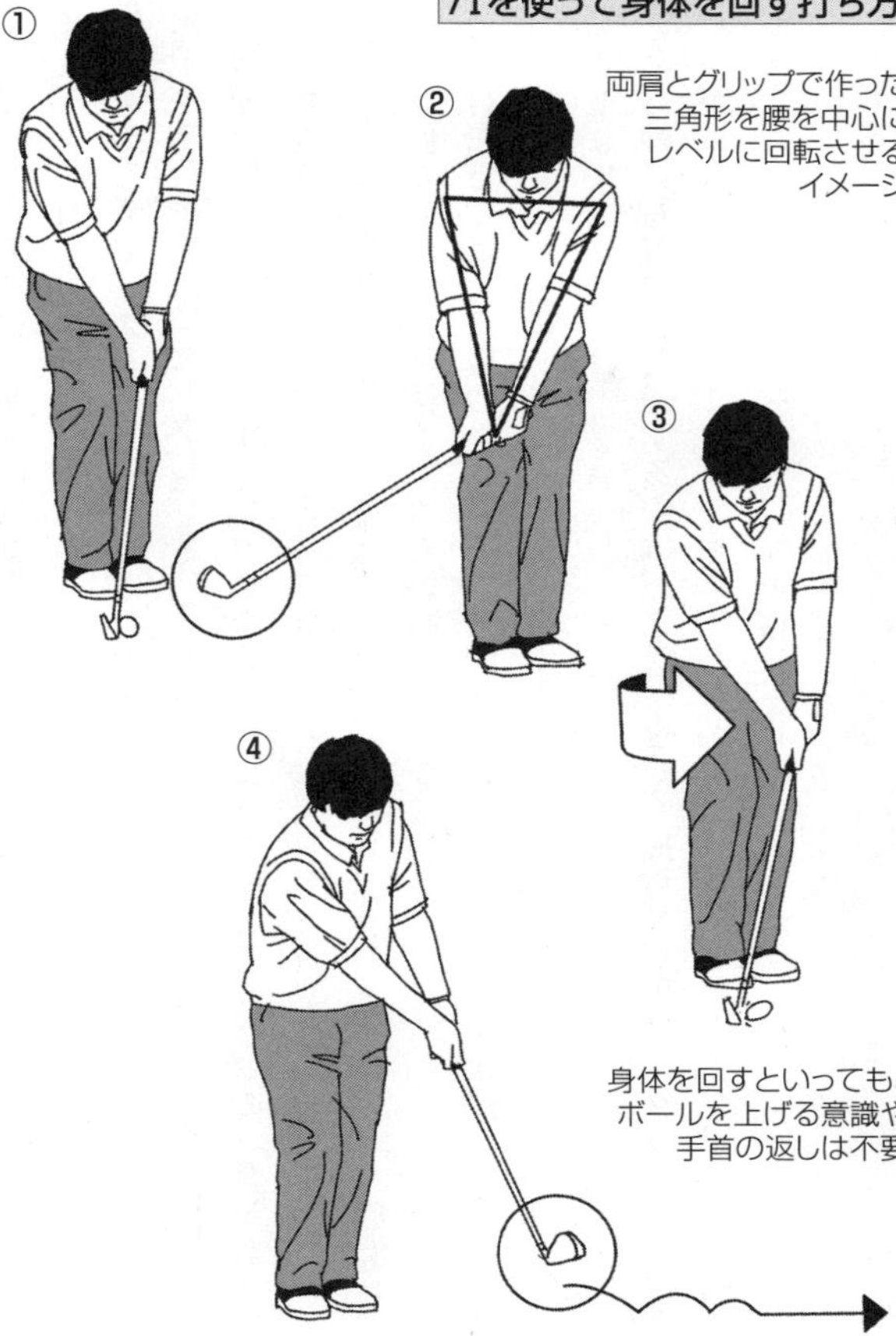

両肩とグリップで作った
三角形を腰を中心に
レベルに回転させる
イメージ

身体を回すといっても、
ボールを上げる意識や
手首の返しは不要

もうひとつの方法は、身体の回転を利用する打ち方で、これはあとで紹介するピッチ&ランの打ち方に近い。

①両足をそろえて、スタンスの向きはややオープンに。

②ボールを右足の前にセットし、クラブを短く持って、ハンドファーストに構える。

③体重配分は左足6、右足4。コックを使わずに、両肩とグリップの三角形および手首の角度をキープしたまま、身体の回転で打つ。

〝転がし〟なのだから、ボールを上げる意識はまったく不要。むしろ、ヘッドは「低く引き、低く入れ、低く抜く」くらいのイメージでいい。

この打ち方では、SWのようにロフトのあるクラブほどスピンがかかるが、ショートアイアンの場合は、さほどスピンはかからない。自然なボールの転がりでカップに寄せていく。

どちらの打ち方にも共通するのは、クラブを強く握らず、両手にクラブの重みを感じながらスイングすること。テイクバックからフォロースルーまで、一定のテンポでスイングすること。そして、体重移動をしないことだ。

〝転がし〟では本当にショートアイアンを使うべきか

1章で、アメリカのプロゴルファーには、1本のウェッジでさまざまな距離を打ち分ける人が多いという話を紹介した。

これは転がすときも同じ。彼らは、SWやLWのようなロフトのあるクラブでも転がしてくることが珍しくない。

日本では、昔から「転がしはショートアイアンで」といわれてきた。ビギナーのころ、上級者から「SWより7番アイアンで転がせ」とアドバイスされた人も多いはずだが、では、なぜ、アメリカのプロゴルファーには、ロフトのあるウェッジで転がそうとするのか？

ひとつには、前にも述べたように、彼らは1本のウェッジを自分の手と一体化するほど使い込んでいるからだが、もうひとつ理由がある。それはトーナメントが開催されるようなアメリカのコースのグリーンは、とてつもなく速いからだ。

高速グリーンに対するアプローチで〝転がし〟を選択した場合、そのキャリーとランの比率は、58ページで紹介した〝公式〟があてはまらないケースが多い。想像

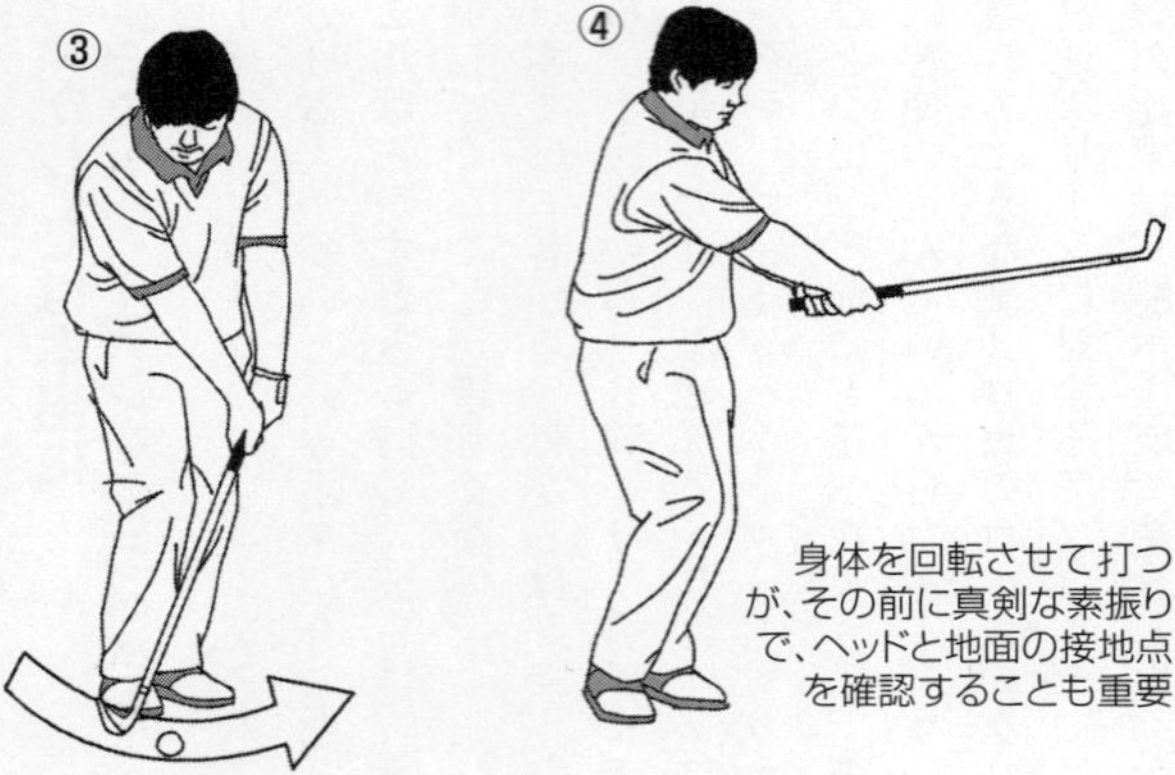

身体を回転させて打つが、その前に真剣な素振りで、ヘッドと地面の接地点を確認することも重要

以上にボールが転がってしまうのだ。

ましてカップが下り傾斜にあるようなとき、〝転がし〟にショートアイアンを使えば、どんなにソフトに打っても、ボールは加速して、グリーンの外に出てしまうことも珍しくない。

その点、ＳＷやＬＷは、フェイスを少しくらいかぶせて打ってもスピンがかかるから、少々強めにボールをヒットしても、ピンを大きくオーバーすることはない。

逆に、ダフリ気味に入ってスピンがかからなかったときでも、今度はキャリーが出ないかわりにランが出るから、そこそこのところに寄る。

つまり、アメリカのプロが〝転がし〟（アメリカでは〝チップショット〟という言い方を

SWを使って転がす打ち方

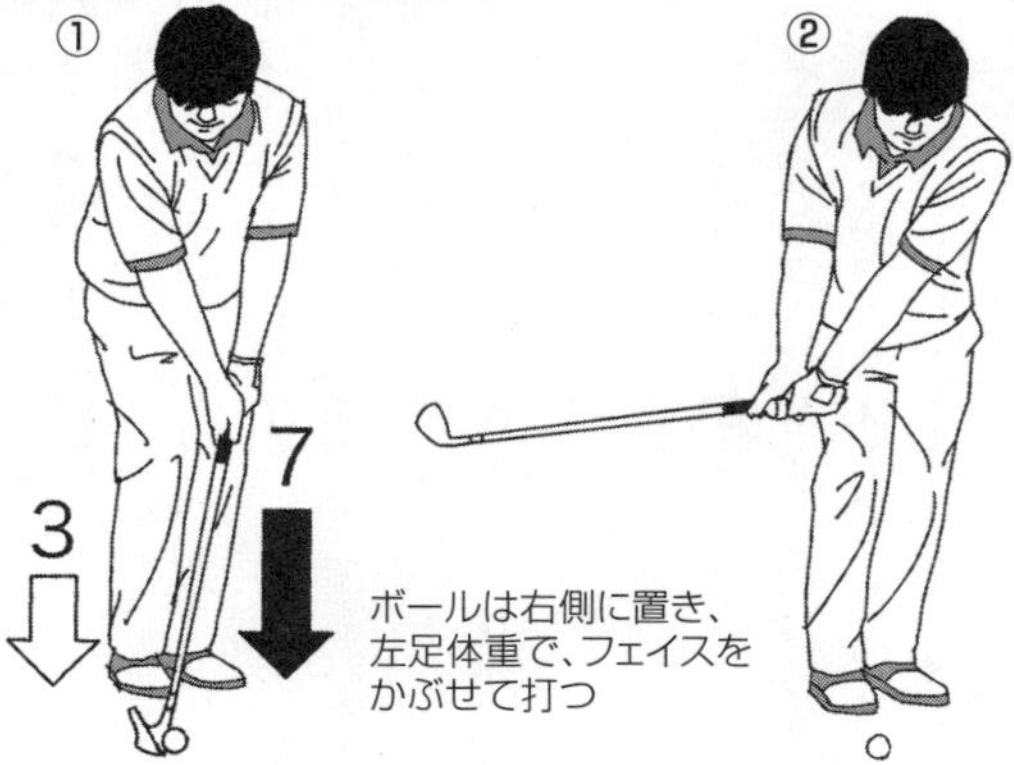
①
②
7
3
ボールは右側に置き、
左足体重で、フェイスを
かぶせて打つ

することが多いが）にもロフトのあるクラブを使用するのは、大きなミスをしないための〝保険〟をかけるという意味があるのである。

その打ち方だが、基本は前項の「身体の回転を使った打ち方」と同じ。

それに加えて、

①ボールをもっと右に置く。
②フェイスをかぶせる。
③体重配分は左足7、右足3の割合。

このショットでいちばん多いミスはダフリ（ザックリ）だが、ボールを右に置くとダフりにくくなる。素振りをしてヘッドと地面の接地点を確認しよう。人によっては、右足よりさらにボール1〜2個分外側でもいいはずだ。

チップショットでなくパターで寄せる方法

パターでの寄せというと、ボールがグリーンのカラーにあるときにやる、というゴルファーが多いはずだ。カラーはグリーンの一部のようなものだから、おそらくタイガー・ウッズや今田竜二でもパターを選択するはずだが、では、次のような場面ではどうか？

アメリカの『Golf Digest』誌が、３００人のゴルファーを対象に、こんな実験をしたことがある。

ボールは、ピンから36フィート（約11メートル）、グリーンから6フィート（約1・8メートル）のところにある。で、ここからパターで寄せたときと、チップショットで寄せた場合とでは、どちらのほうが寄るかという実験である。

グリーンまで1・8メートルというところが微妙だ。パターでいく場合は、当然、芝の抵抗を考えなければならず、パターかチップショットでいくかは、ちょっと迷うところだろう。

チップショットなら、ＰＷか９番アイアンでグリーンエッジから１～２ヤードの地点にボールを落とし、そこから7～8メートルほどのランを計算するということになるだろうか。上級者であればさほどむずかしいショットとは思えないが……。

さて、実験の結果は次のようなものだった。パーセンテージの数字は、ハンディキャップ別の、ピンそば3フィート（約90センチ）に寄せた確率である。

ハンデ	チップ	パター
0～5	49%	59%
6～10	39%	51%
11～15	32%	49%
16～20	35%	39%
20～	23%	31%

おわかりのように、どんな腕前のゴルファーでも、チップショットよりパターのほうが寄ってしまったのだ。

この実験では、どんなライにボールがあったのか詳しいことがわからないので即断することはできないけれど、2メートルくらいの芝は、パッティングにはさほど影響しないということなのだろう。

一般にパターでの寄せが有効なのは、全英オープンが開催されるコースのように、
①風が強く、ボールを上げると距離・方向ともコントロールできそうもないとき。
②グリーン周りのバンカー（全英のコースには、ポットバンカーといって、アゴが直角のタコ壺のようなバンカーが多い）に入れるのだけは絶対に避けたいとき。つまり、多少遠回りしても、パターでグリーンのどこかに乗せればいいという作戦。
③ボールを上げたときの落とし場所の傾斜が複雑で、どこに転がってしまうかわからないとき。

以上の①〜③のような場面。さらに、
④ボールのライが悪く、ザックリしそうなとき。

こんなときも、パターは使える。

打ち方は通常のパッティングと同じだが、芝の抵抗を考えすぎると、打ち急いでしまいやすい。時計の振り子のように一定のテンポでストロークすることが失敗しないコツだ。

〝転がし〟と注意フェアウエイウッドを使った

何年か前、タイガー・ウッズが使って、一躍、世界的に（?）広まったアプローチ法である。

使用するクラブは3番ウッドか5番ウッド。7番ウッドはボールが上がりやすいので、あまり使わない。フェアウエイウッド（FW）よりシャフトが短いユーティリティ（UT）のほうが使い勝手がいいというゴルファーもいる。

なぜ、アプローチにFWやUTを使うのかといえば、

①ソールが平らなので、ダフりにくい。

②小さなバックスイングでもボールがよく転がる。

③多少ロフトがある分、1〜2ヤードキャリーがあるので、グリーン周りからの寄せで芝の抵抗を計算しなくてすむ。

という三つの理由がある。

理由がわかれば、FWが使える状況が自ずと見えてくる。

①ボールの後ろの芝が長かったり、木などの障害物があったりして、バックスイン

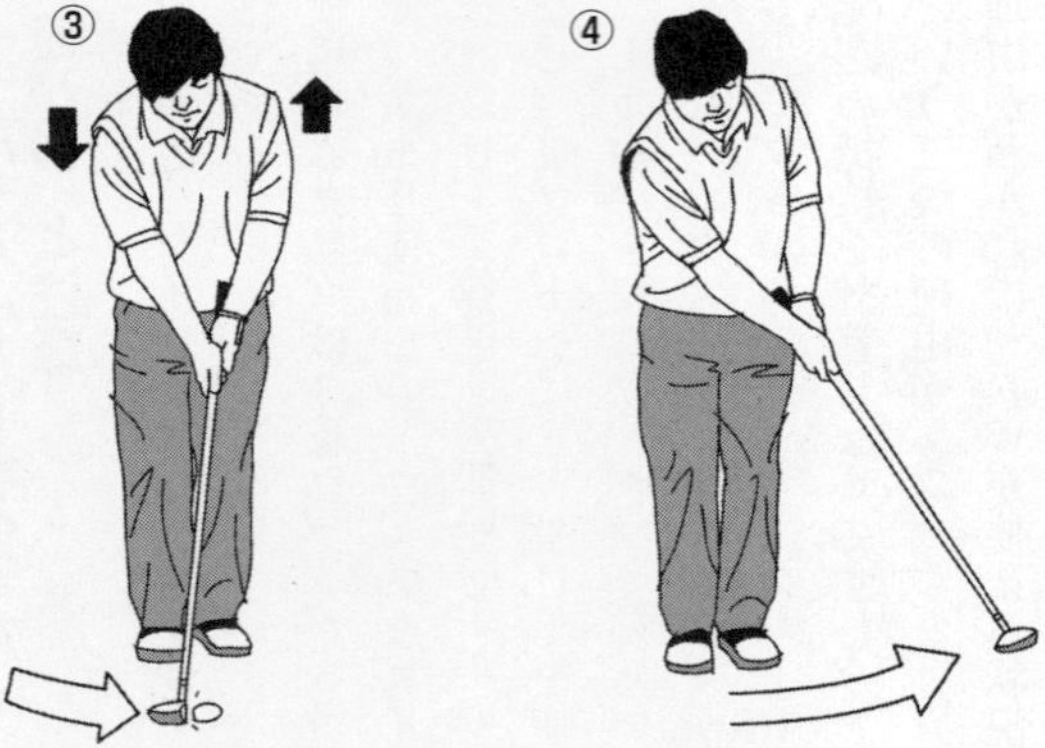

グがとれないとき。
②ライが悪いとき。
③地面が硬く、ＳＷでは弾かれてしまいそうなとき。
④ボールはグリーン周りにあるが、パターでは打ち切れない、30ヤード以上あるような、長い上りのラインのとき(二段グリーンの上など)。

このほか、裏ワザとしては、アゴが低いバンカーや、アゴの傾斜がなだらかなバンカーで使うという方法もある（パターでも可）。ＦＷ（パターも）にもロフトがあるから、アゴが低ければ、それを飛び越えてくれることがある。また、アゴの傾斜がなだらかなら、アゴにワンクッション入れてグリーンに乗せるということも可能だ。

3Wを使って転がす打ち方

打ち方は、ほとんどパターと同じ。かなり距離が出るので、何度も練習をして距離感をつかんでおくことが大切

打ち方は、ほとんどパターと同じだ。

①グリップは極端に短く持つ（打ちにくくなければシャフトの部分を握ってもいい。パターと同じ長さになるように握って、ストロークに違和感がなければ、文字どおりパターのように打てる）。

②ヒールを少し浮かせて、吊《つ》り気味に構える（ボールの近くに立てるので、ミート率がよくなる）。

③手首を固定したまま、パッティング同様、肩の上下動でストロークする。

とにかく、FWでのアプローチでいちばん問題になるのは距離感である。パターと同じ振り幅でストロークした場合、だいたいパターの2倍は転がると思っていいが、こればかりはちゃんと練習して、自分なりとはいうまでもない。

の距離感をつくっておくしかない。ぶっつけ本番は、あまりにもリスクが大きいこ

短い距離はシャフトを握れば安心

〝転がし〟の最後に、もっと確実な方法を紹介しておく。

どんなショットでも、クラブを長く持ったときと短く持ったときでは、短く持ったときのほうが距離が出ない。これはクラブを短く持つことでスイングアークが小さくなり、それだけ遠心力が小さくなるからだ。

であれば、たとえばボールはグリーンエッジまで1ヤード、カップはエッジから6ヤードといった短い距離のアプローチは、クラブを長く持つ理由がどこにもないことがおわかりだろう。実際、こんな距離は、グリップのいちばん下を持ってコツンと打って転がしている人が多いはずだが、もっと確実な方法がある。

短い距離なら、グリップを握る必要はない。グリップよりもっと下、シャフトの部分を握って転がせばいいのだ（両手ともシャフトを握ると、上体が屈みすぎたり、グリップが滑りやすくなったりするから、左手だけはグリップを握ったほうがいい）。

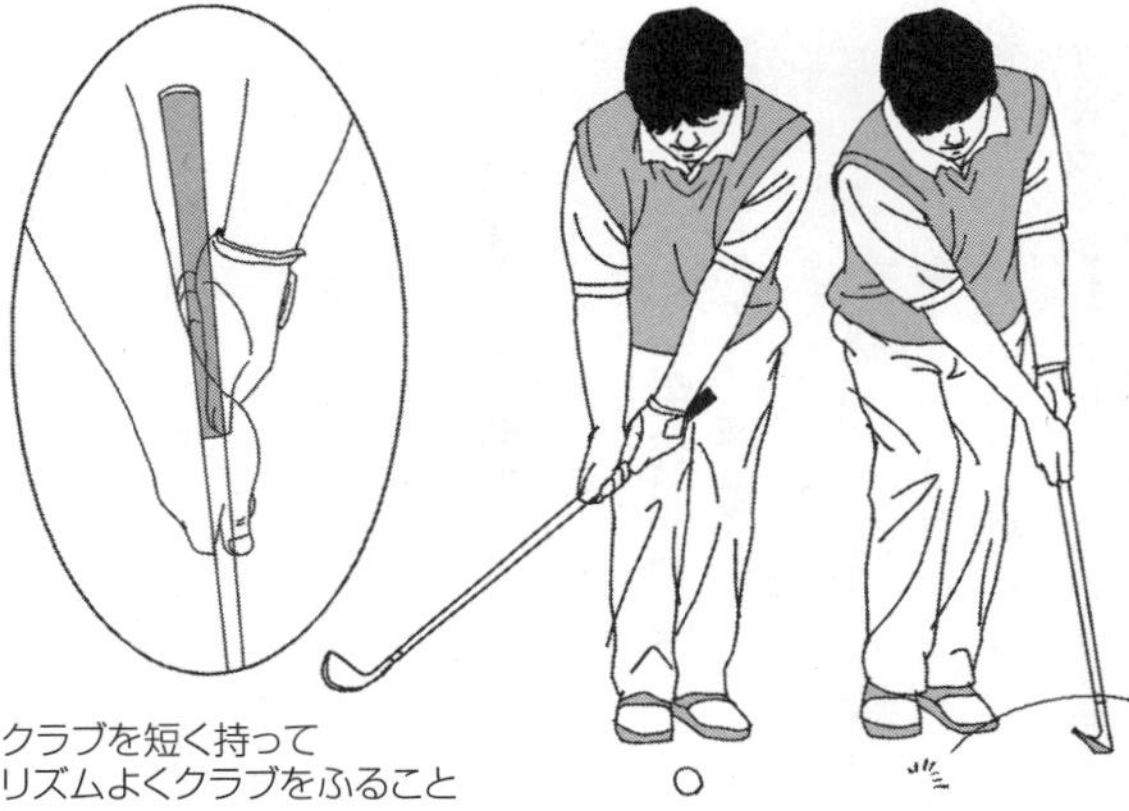

クラブを短く持って
リズムよくクラブをふること

ここまでクラブを短く持てば、自動的にスイングアークは小さくなり、短い距離を打つのにはぴったりだ。

そもそもの話、短い距離はクラブを長く持って打つことのほうがむずかしい。そのことがわかっていないゴルファーは、ふだんどおりにクラブを握って、ついつい大きすぎるスイングになり、結果としてインパクトで減速しなければならなくなる。そして、いろんなミスをやらかす。

クラブをここまで短く持てば、安心してクラブを加速させることができる。さらに、シャフトを持つことで、手のひらの感覚が鋭敏になり、タッチが出しやすくなるということもある。

使うクラブは、ＳＷからショートアイア

ンまで、なんでもOK。どのクラブならシャフトを持っても打ちやすいか、自宅のカーペットの上でもできるから、ぜひ試してみてほしい。

シャフトを持つなんて、ミットモナイ？　そう思う人は、かつてアメリカきってのスタイリッシュなゴルファーとして人気があったペイン・スチュアートも、短い距離を転がすときは平気でシャフトを握っていた、という事実をお伝えしておこう。

ピッチ&ラン篇

アプローチの半分以上はこれでカバーできる

ピッチ&ランとは、いうまでもなくピッチショットとラン、つまり〝転がし〟を組み合わせたアプローチ法のこと。本来、ピッチショットは、ボールを高く上げ、スピンで止めるショットのことをいい、ランよりキャリーのほうが長くなるが、ピッチ&ランの場合は、キャリーとランは同じ、もしくはランのほうが長めであることが多い。

状況としては、グリーンエッジまで5~20ヤード、ピンまでは10~40ヤードという場面。高さ1~2メートルくらいのボールをグリーンにキャリーさせ、キャリーとランの比率が1対1~2というイメージで寄せる。

アベレージゴルファーがグリーンを外すときというのは、このグリーンエッジまで5~20ヤードというケースが圧倒的に多い。一説によれば、ピッチ&ランだけでアプローチの半分以上がカバーできるというから、ゴルファーたるもの、絶対にマスターしておくべきアプローチ法といえる。

使用するクラブは、SWやAW、PWが圧倒的に多い（ピッチングウェッジとは、ピッチショットのためのウェッジという意味だ）。

これらのクラブを、ボールのライやグリーンまでの距離、エッジからカップまでの距離などを計算に入れ、あるときは低くスピンの効いたボールで、あるときはフワリと上げたボールで、という具合に、キャリーとランの割合を考えながら寄せるのがピッチ&ランというわけだ。

アプローチの半分以上がカバーできるといわれるくらいだから、アベレージゴルファーもピッチ&ランをもっとも多用しているはずで、人によっては〝転がし〟よりイメージが出やすいこともある。

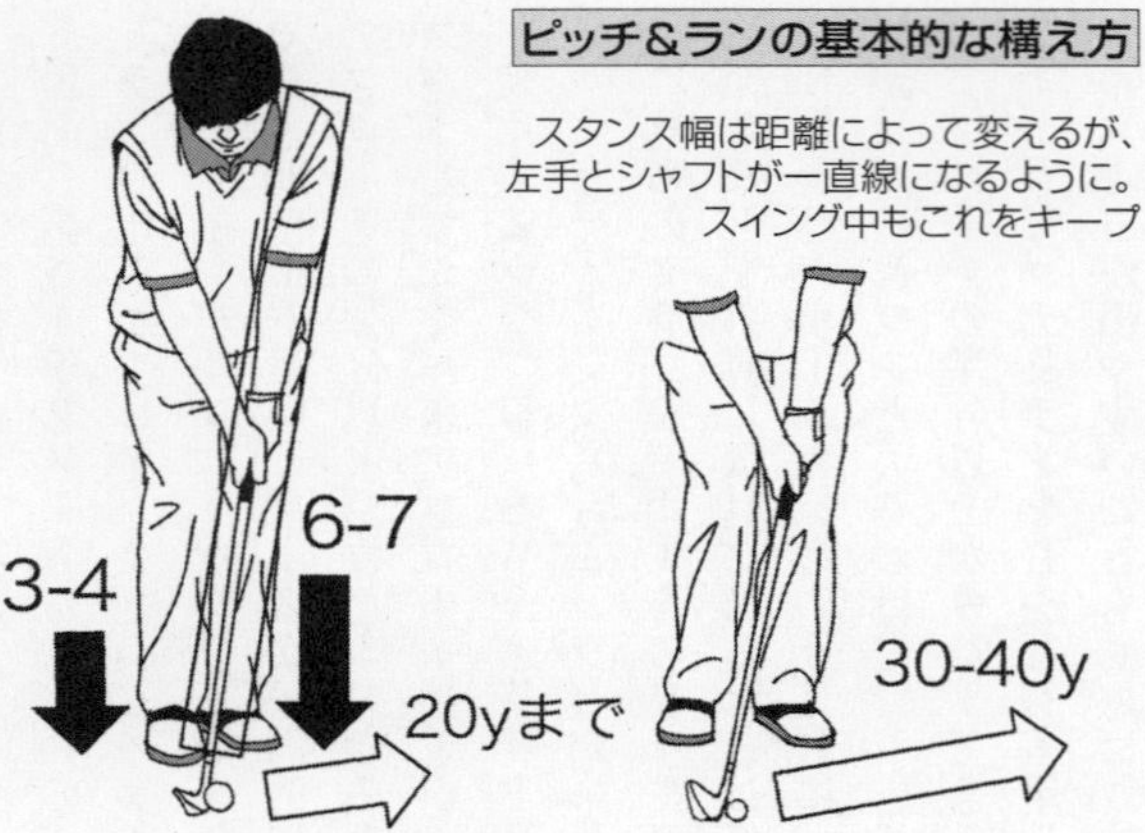

ピッチ&ランの基本的な構え方
スタンス幅は距離によって変えるが、
左手とシャフトが一直線になるように。
スイング中もこれをキープ

まずはクラブのロフトどおりの高さのボールを打つためのピッチショットの打ち方を説明しておこう。

①スタンス幅は、キャリーが20ヤードまでなら両足をそろえる。30〜40ヤードなら靴一足分くらい開く。

②スタンスはややオープン。ボールの位置は真ん中から右。低く打ち出したいときほど右側に。人によっては、右足のさらに外側でもいい。

③体重配分は、左足6〜7、右足3〜4。低く打ち出したいときほど左足体重になる。

④ハンドファーストに構え、左腕とシャフトを一直線のままキープして、身体を回す。

ピッチ&ランでも、絶対にやってはいけないのは手打ち。アドレスでセットした肩と両腕の三角形を崩さず、胸を回す意識でスイングするといい。

ボールの高さを変える四つの方法、さてあなたは?

ピッチ&ランでは、低くスピンの効いたショットから、高く上げて止める限りなくロブショットに近いショットまで、状況に応じて、さまざまな高さのボールを打ち分ける必要がある。

ボールの高さを打ち分けるためには、次の四つの方法がある。

①フェイスの角度で調節する方法。フェイスを開けば、ボールは高く上がるし、フェイスを閉じればボールは低く出る。

②ボールの位置で調節する方法。ボールを左に寄せるとフェイスが開いて当たりやすくなるためボールは上がる。右に寄せるとボールをつぶす感じになるためボールは低く出る。

③アドレス時の体重のかけ方で調節する方法。体重を左足にかければかけるほど、インパクトでフェイスが閉じ気味になるためボールは低く出る。反対に、体重を右

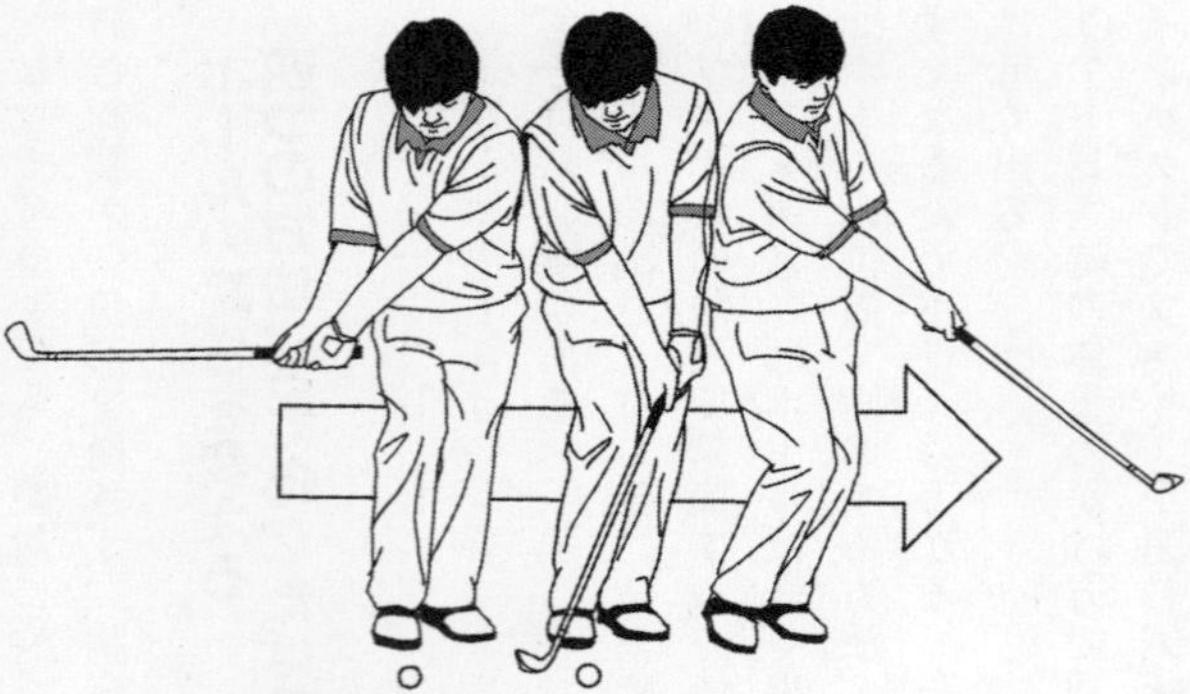

右膝を送るようにして打つことで、インパクトが
低く長くなるため、低くランの出るボールになる

足にかけ、体重移動しないでそのままスイングすると、クラブの軌道が鋭角的になってボールは高く上がる。

④インパクト時の右膝の送りで調節する方法。右膝を送ると、インパクトが低く長くなるためボールは低く出て、ランが出る。反対に、右膝を送らないと、クラブの軌道が鋭角的になってボールは高く上がり、ランもあまり出ない。

このなかでおすすめなのは、①と②だ。③と④の場合、ボールを低く出すときはむずかしくないが、ボールを高く上げようとすると、クラブの軌道がどちらも鋭角的になるため、ダフリもトップも起きやすい。イメージとしてはロブショットに近く、かなり難度が高いのだ。

その点、①はクラブのフェイスを閉じたり開いたりするだけで、打ち方は変える必要がない。②もボールの位置が自然なクラブ軌道をつくってくれる。①と②を組み合わせれば、ボールの高さを自在にコントロールできるはずだ。

グリップの握り方一つでボールの〝強弱〟を変える

ドライバーのヘッドが大型化し、シャフトが長尺化するにしたがって、グリップはストロング（フック）に握るのが主流になっている。

大型ヘッドで長尺のドライバーをフルスイングしてスクエアにボールに当てるためには、手首を返している余裕がない。しかし、ストロングに握れば、手首を返さなくてもヘッドがスクエアに降りてくるため、非力なゴルファーでもボールがつかまるというわけである。

最近では、非力なゴルファーだけでなく、スイングをよりシンプルにしたいプロゴルファーもストロング気味にグリップするケースが増えているが、ただし、グリップをストロングに握るのは、あくまでボールを〝遠く〟に飛ばすための方法だということを忘れてはいけない。遠くに飛ばす必要のないアプローチでは、かならず

ウイークグリップ

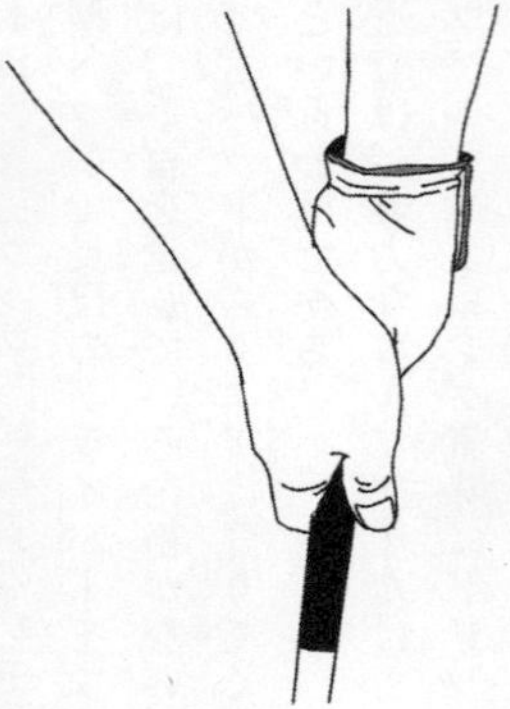

ウイークグリップは、フワリとしたボールが出やすい

ストロンググリップ

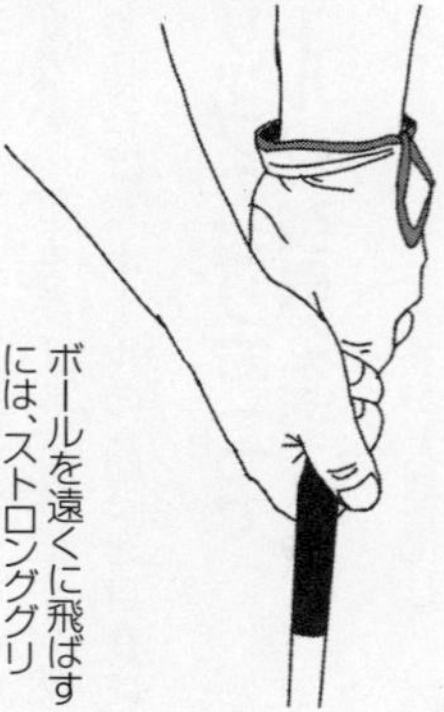

ボールを遠くに飛ばすには、ストロンググリップも有効

しもストロンググリップがいいわけではないのだ。

ゴルファーには、ドライバーからウェッジまで、クラブの握り方を変えない人が多い。クラブが変わるたびに握り方を変えていては、ゴルフが複雑になるばかりだから、グリップを変えないのは、それはそれで悪いことではない。ただ、微妙なタッチが必要とされるアプローチの場合は、クラブの握り方を変えたほうがうまくいく場合もあることは知っておいたほうがいい。

たとえば、丸山茂樹は、距離のないチップショットの場合、グリップをウイークにすることが多い。

ウイークグリップにすると、

①スイング中、手首を固定しやすいため、

フェイスをスクエアにキープできる
②ボールに力が伝わりにくいため、フワッとしたボールが出る
という特長がある。

たとえば、ボールはエッジから2ヤード、カップはエッジから5ヤードの下り斜面というようなアプローチでは、グリーンぎりぎりにフワリとボールを落とし、トロトロ転がる……といった微妙なタッチのアプローチが必要になる。

こんなときは、ウイークに握って、フワッとしたボールを打つのがいい。いわば〝小さなロブショット〟のようなもので、高速グリーンが多いアメリカのコースでは、この手のアプローチが必要なケースが多い。だから丸山茂樹はこの手のアプローチを多用するわけだが、日本でも、ケースによってはウイークグリップの〝小さなロブショット〟が必要になることもある。

反対に、カップがグリーン奥の上り傾斜に切ってあり、ランを多めにしたピッチ&ランで寄せたいというときは、ストロング気味に握ったほうが球足が強くなり、好結果につながることもある。

また、アプローチが苦手な人もストロングのほうがいい場合もある。ウイークに握るほど、ダウンスイングでヘッドが早く落ちてきて、ダフリやザックリなどのミ

スが出やすくなるからだ。

というわけで、アプローチショットを打つときのグリップは、状況やゴルファーの技量によって決まってくる。

練習場でいろんなグリップを試してみてほしい。思わぬ発見があるはずである。

ザックリをなくすためには
ソールを滑らせる

30ヤード以内のピッチ&ランで、いちばん多いミスが、ザックリだ。ボールをクリーンに打とうとしたのに、ボールの手前にヘッドが入ってしまったため、芝や土の抵抗を受けたヘッドはボールにしっかり当たらない。その結果、意図していた距離が出ないというミスだ。

ザックリをしないためには、どうすればいいか？

スイング軌道を正して、つねにボールをクリーンにとらえられるようにする、というのもひとつの考え方だが、これはあまり現実的ではない。

たとえばあなたは、練習場のマットの上で、どれくらいの確率でボールをクリーンに打てるだろうか？　練習場のマットは、クラブが手前に入ってもソールが滑っ

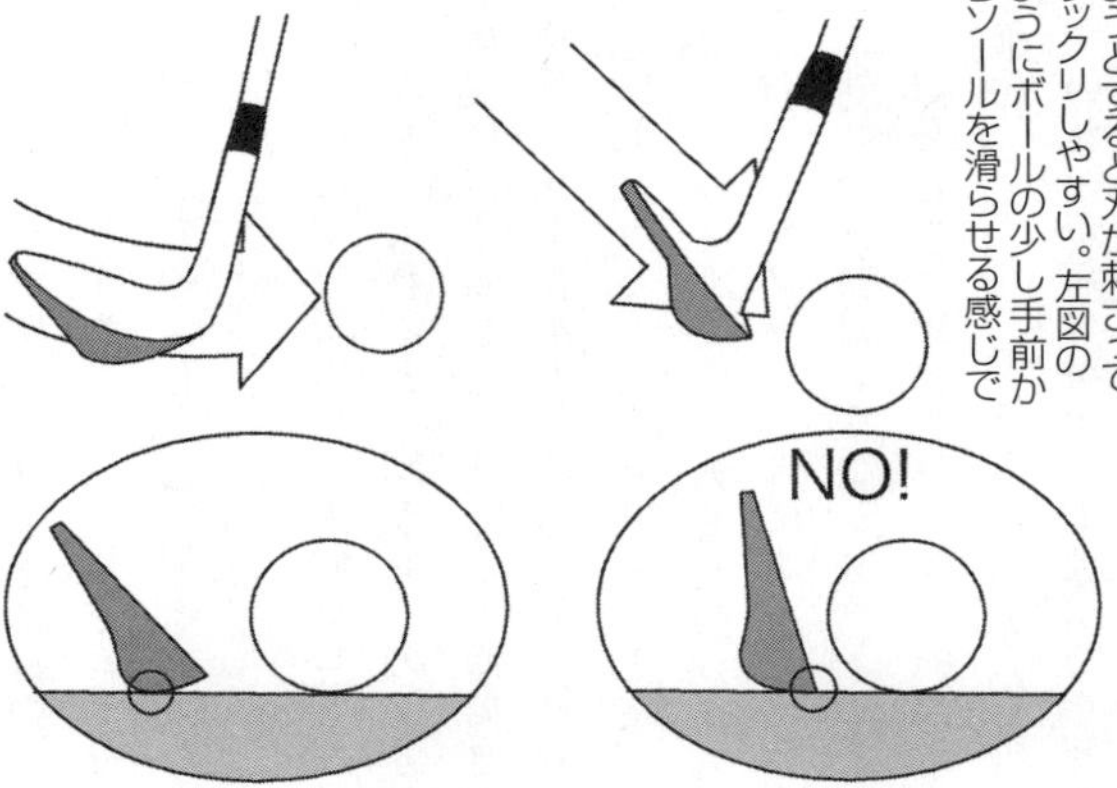

ボールをクリーンにとらえようとすると刃が刺さってザックリしやすい。左図のようにボールの少し手前からソールを滑らせる感じで

てくれるから、少々ダフリ気味でもボールに当たって、そこそこの距離が出る。

だが、実際のコースでは、そういうわけにはいかない。ボールをクリーンにとらえるためには、ボールと芝生のわずかな隙間に正確にクラブを入れる必要がある。1センチでも手前に入ればザックリ、その反対ならトップというわけで、ボールと芝生のわずかに隙間に、つねにきれいにクラブを入れるためには、ロボット並の正確性が要求されるのだ。

しかも、実際のコースは、ボールのライが微妙に傾斜していたり、芝の密度が一定でなかったりするから、なおのことボールをクリーンに打つことがむずかしくなる。

アプローチでのザックリのミスをなくす

ためには、まずは「クリーンに打つ」という意識を捨てることだ。ボールをクリーンに打とうとすると、どうしてもクラブの刃（リーディングエッジ）から入れようとしてしまうもの。しかし、刃から入れては、ますますクラブが地面に刺さりやすくなってしまう。

ピッチ&ランでのヘッドの正しい入れ方は、刃ではなく、ソールから入れる、だ。ソールから入れると、バウンスの部分が芝の上を滑ってくれるので、少々ダフっても確実にボールをとらえることができる。そう、練習場のマットでは意図しなくても勝手にソールが滑ってくれることで、ミスがミスでなくなるが、実際のコースでは意図してソールを滑らせることで、ミスの確率が減らせるのである。

また、ソールから入れる意識があると、クラブの軌道がシャロー（鈍角的《どんかく》）になるから、クラブフェイスにボールをうまく乗せることもできる。結果、低くてスピンの効いたプロのようなショットになる。ボールの位置やセットアップは、78ページで紹介した、ピッチショットの基本的な打ち方と同じだ。

仮に、「少々」ではなく、「かなり」ダフっても、そういうボールはスピンが効いていないから、キャリーは出なくとも想定した以上のランが出る。つまり、きれいにスピンがかかったときと結果は同じということも多いのだ。

ボールを「包み込む」ようにフェイスに乗せる

ピッチ&ランでクラブをソールから入れるためには、もうひとつ条件がある。それは、テイクバックでフェイスを開き、フォローでフェイスを閉じるということ。フェイスが開いたままインパクトを迎えると、ボールは弱々しく右に上がってしまうため距離感がでないのだ。

フェイスを開いて閉じるためには、テイクバックで少しコックを入れる（手首を親指側に折る）ことだ。コックを入れずにテイクバックすると、フェイスが開かず、刃も下を向いたままインパクトを迎えることになる。これでは、ダウンで刃から先に入り、ザックリしやすくなってしまうのも当然である。

ただし、フォローでフェイスを閉じるとはいっても、手首を使うわけではない。テイクバックで少しコックを入れたら、手首の角度をキープしたまま、身体を回してインパクトを迎える。身体さえしっかり回っていれば、フォローでは自然にフェイスは閉じるのだ。

コックを入れて、フェイスを開いて閉じるとは、べつの言い方をすれば、クラブ

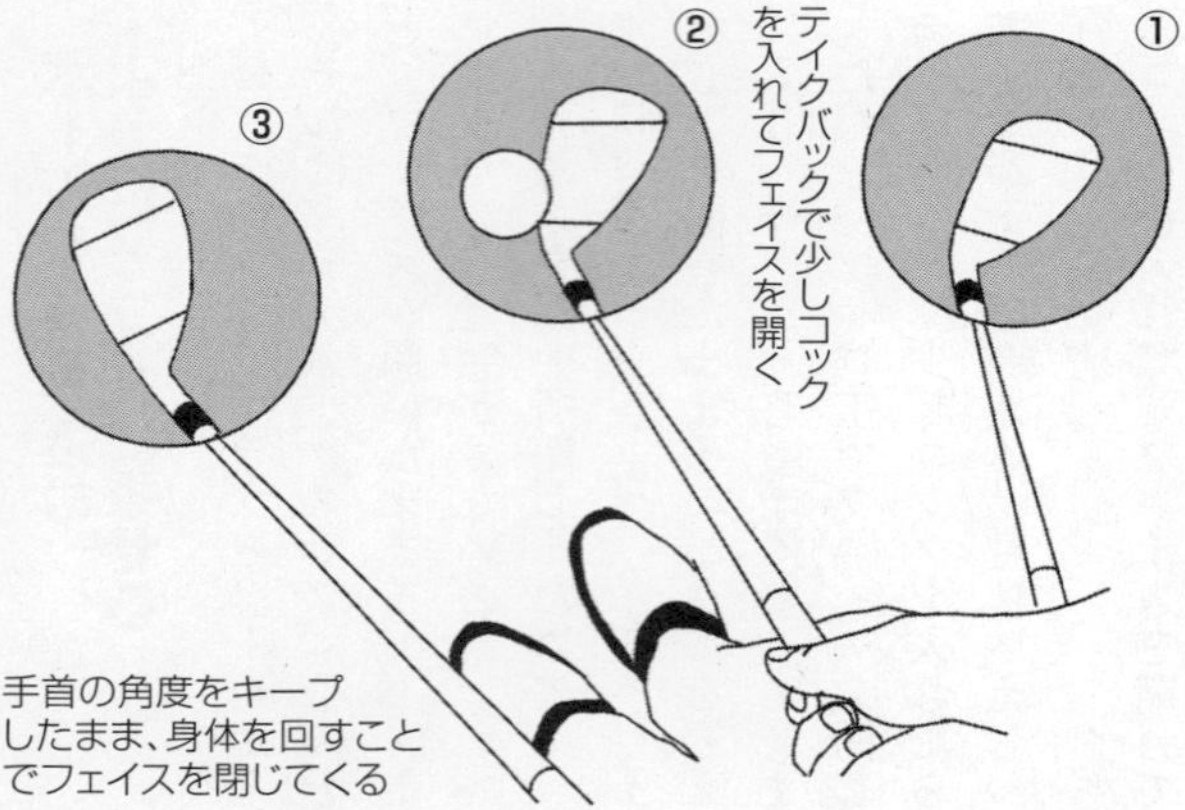
①
②
テイクバックで少しコックを入れてフェイスを開く
③
手首の角度をキープしたまま、身体を回すことでフェイスを閉じてくる

のヒールを中心にして、ボールを包み込むようなイメージでインパクトするといいえばいいだろうか。

それには、同じソールでも、ヒール側のソールから先に入れる意識があるといい。

そもそもの話、ザックリのようなミスは、クラブの接地面積が大きすぎるから起きるともいえる。ヒール側からクラブを入れる意識があると、クラブの接地面積が小さくなって、それだけミスの危険性が少なくなるのだ。

低いフックボールを打つようなつもりで、身体の回転を使って思い切ってフェイスをローテーションさせてみよう。フェイスがターンするとヘッドスピードが増し、ボールとヘッドが接触している時間も長くなるため、その分だけボールにスピンがかかる。距離感、方向性もぴったり。しかもスピンの効いたプロのような低くてピタリと止まるショットが打てるはずだ。

多くの人が犯しやすい〝目の錯覚〟にご注意

ランニングアプローチならラインを出しやすいのに、高いボールになるほどラインが出にくくなる――そんなゴルファーが少なくない。

これまでも、低いボールのほうがラインを出しやすいということをことあるごとに述べてきたけれど、それは低いボールのほうが〝目の錯覚〟が起こりにくいからでもある。

次ページのイラストの①を見てほしい。これは、ボールを真っ直ぐ打ち出そうとしているとき、ボールの飛ぶ方向（イラストの矢印）をボールの後方から見たときの図だ。

ところが、これをゴルファーの目から見るとどうなるか？

それがイラスト②で、ボールは右に出ていくように見えることがおわかりだろう。

これは、ゴルファーがボールを真上からではなく、手前から斜めのラインで見てい

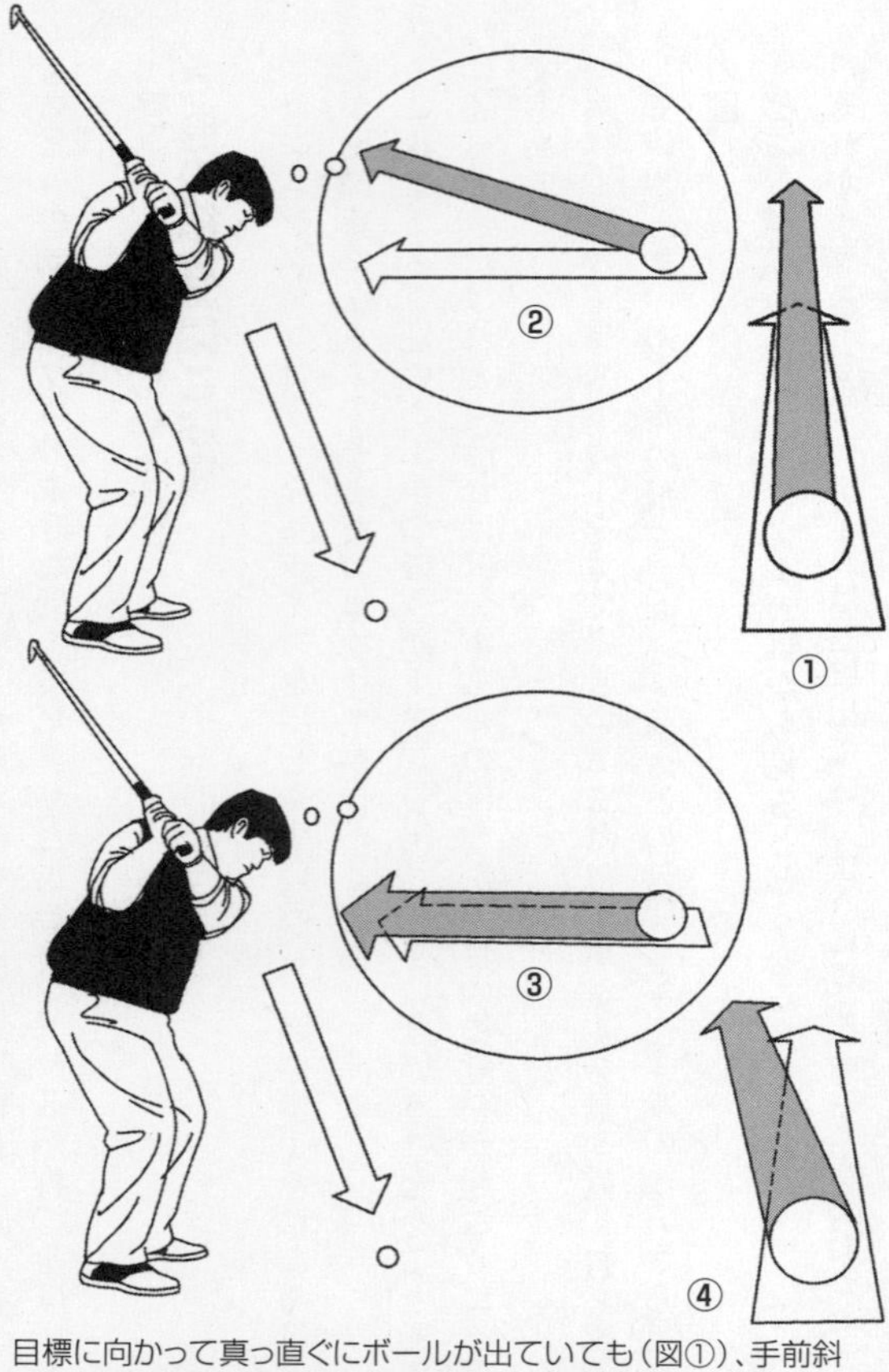

目標に向かって真っ直ぐにボールが出ていても（図①）、手前斜めから打っている本人から見ると右に出ているように見えてしまう（図②）。この錯覚を修正しようとして自分から見て真っ直ぐ飛ぶように打つと（図③）、実際は目標より左に出てしまう（図④）。

るから。一種の〝目の錯覚〟だが、このことを知らずに、自分の目から見てボールを真っ直ぐ打ち出そうとすると（イラスト③）、実際は狙ったところより左にボールが出てしまうのである（イラスト④）。

この〝目の錯覚〟は、アプローチだけでなく、あらゆるショットで起きるが、ドライバーショットのようにボールの初速が速いときは、インパクト直後のボールの飛び出す方向など速すぎてよく見えないから、この〝目の錯覚〟はほとんど意識されない。

ところが、アプローチの場合は、ボールの初速が遅いため、球筋がよく見えてしまう。そのため〝自分の目から見た真っ直ぐなライン〟に打ち出そうとすると、実際は狙ったところより左に出てしまうというわけだ。

〝本当の真っ直ぐなライン〟と〝自分の目から見た真っ直ぐなライン〟は違う。ボールは右に出るくらいでちょうどいい――そのことがわかっているだけで、アプローチの方向性はかなりよくなるはずだ。

ちなみに、パッティングでは「目はボールの真上」というのがセオリーになっているその理由は、目がボールの真上にあれば、こうした〝目の錯覚〟が起きないからだ。

ロブショット篇

ロブショットは〝最後の手段〟と心得る

ボールはグリーンの奥、エッジまで8ヤードのラフにある。カップはエッジから8ヤードのかなりの下り傾斜に切ってあり、しかもそのグリーンはめちゃくちゃ速いときている。

こんな場面で、プロゴルファーはしばしばロブショットに挑戦する。思い切りフェイスを開き、フルスイングすると、ボールは10メートル近く上がり、エッジとピンの間にポトリと落ちる。そして、そこからトロトロと転がってピンに寄る――。なんとも見事な技である。こんな場面では、転がしやピッチ&ランではまず寄らない。ボールがラフにあるためスピンがかかりにくいし、おまけにカップまでがかなりの下り傾斜の高速グリーンときているのだから、エッジぎりぎりにボールを落としても、カップをはるかに通り過ぎてしまうのだ。

ロブショットの打ち方自体は、後述するように、アベレージゴルファーが思っているほどむずかしくはない。しかし、あれだけ高くボールを上げながら、なおかつ距離感を合わせるのが、ひじょうにむずかしい。

ロブショットがフルスイングにもかかわらず距離がでないのは、フェイスを開くことで、ボールに伝わるエネルギーが上方向に変わるからだが、どのくらいのフェイスを開き、どのくらいのスピードで打てば、思った距離が出るのか？　これはもう蓄積された経験をもとに判断するしかない。

また、技術的にも、クラブヘッドの通り道がボールの下すぎると、いわゆる〝ダルマ落とし〟になり、まったく距離がでないし、クラブの刃が直接ボールに当たってしまっては、大ホームランだ。

というわけで、ロブショットは、プロゴルファーにとっても博打《ばくち》に近いところがあるという。

低いボールでは寄せようがない場面でも、ほんとうにロブショットが必要なのかどうかはよくよく考えたほうがいい。たとえばバンカー越えのショットというと、必要以上にボールを上げようとするゴルファーがいるけれど、砲台グリーンでもなければ、ふつうのピッチショットでも十分バンカーを越えるケースが多いはず。カップがエッジから近いところに切ってあっても、高いボールより低くてもスピンの効いたボールのほうが寄ることもある。

　それに、そもそもの話、わたしたちがふだんプレイしているコースのグリーンが、アメリカのトーナメントコースのような超高速グリーンであることはめったにないのだから。

　リスクの大きいロブショットは〝最後の手段〟だと心得よう。十分な練習が必要だし、アベレージゴルファーなら、ロブショットの練習をする時間があるのなら、ピッチ&ランの練習をしたほうがずっといい（ボールと戯《たわむ》れる、ウェッジの操作に慣れるという意味では、ロブショットの練習はおすすめだが）。

身体や腕でボールをあげようとしないこと。フェイスを思い切り開き、フルスイングのつもりで大きくゆっくり振る

アドレスとインパクトのかたちが同じになるよう、手よりクラブが先に出る感じで

SWを使ったロブショットの打ち方

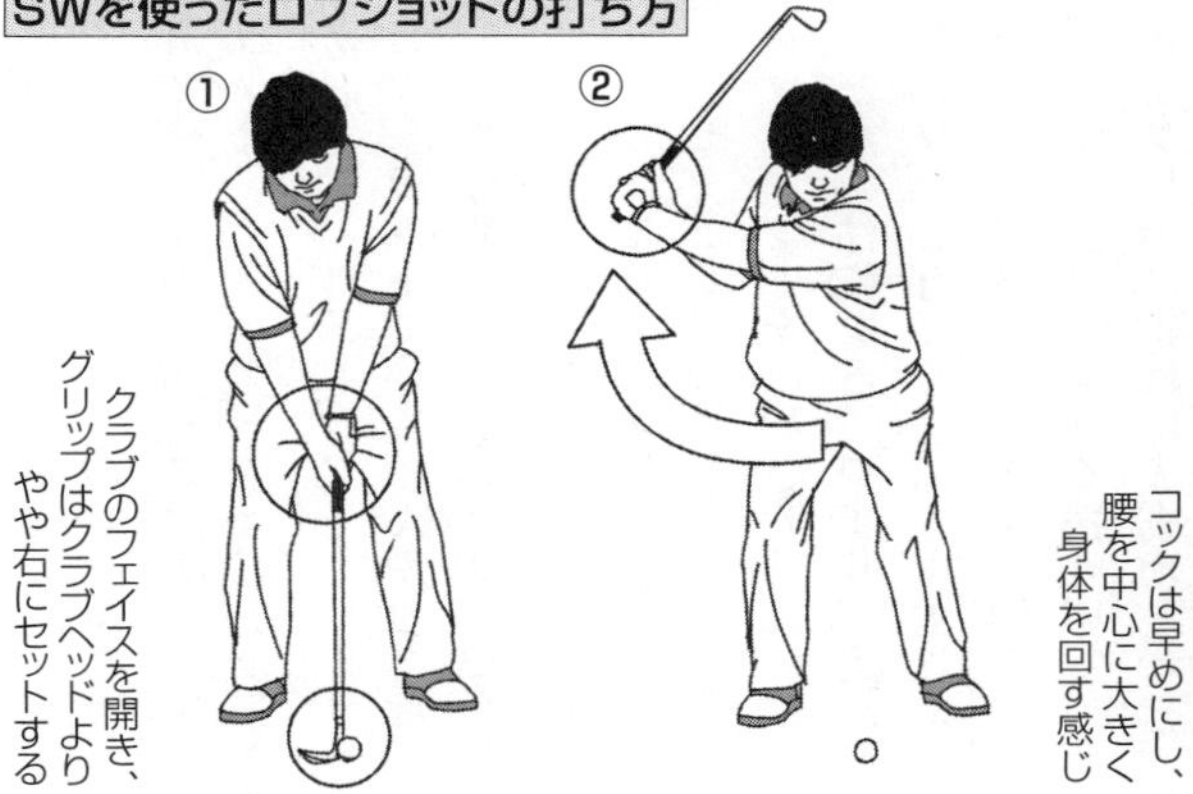

クラブのフェイスを開き、グリップはクラブヘッドよりやや右にセットする
コックは早めにし、腰を中心に大きく身体を回す感じ

ボールを身体で上げようとするから大失敗する

リスクは承知でも、ロブショットに挑戦するしかない——そんなときのための打ち方をアドバイスする。

①ボールの位置は、ピッチショットより1～2個分左。

②スタンスはオープンで広め。ふだんより両膝を折って、低く構える。体重配分は左右半々か、左4、右6。

③SWのフェイスを思い切って開き、グリップよりヘッドが少しだけ左になるよう（ハンドファーストの逆）セットする。

④グリップはソフトに。コックを早めにして、フルスイングのつもりで大きくゆった

りと振る。体重移動はしない。

イメージは、クラブのソールをボールの10センチくらい手前から滑らすようなつもりでボールをとらえること。

コツは、インパクトでは、手よりクラブが先。また、インパクト～フォローで左肩が開かないようにすると、ヘッドが加速したままボールの下を滑っていく。

ロブショットでいちばんやってはいけないのが、身体でボールを上げようとすること。具体的には、インパクトで身体が伸び上がったり、腕でボールをすくい上げようとしたりする動作だ。これをやると、たいていトップしてしまう。ただですらボールが上がるロフトの大きなクラブを、フェイスを開くことで、なおのこと上がるようにセットしているのだから、無理に身体でボールを上げようとする必要はない。

ロブショットを成功させるためには、ボールの下にクラブが通り抜ける空間があることが条件になる。つまり、芝が薄いところやベアグラウンドでは、タイガーやミケルソンをもってしてもまず無理だということである。

そして、最後にもっとも大切なのは勇気。距離がでないようセットしているのだから、思い切って大きく振り切ることだ。

1ピン以内に寄れば大成功と考え、リラックスして挑戦してみよう。

3章

ラフや悪所から狙う

もう迷わない――プロの超ヒント

まずはライを正確に確認することが重要

実際のラウンドでアプローチを成功させるために、もっとも大切なこと。それは、技術ではない。ボールがどんな状況にあるのか、つまりボールのライを確認することである。

具体的には、
①ラフに埋まっているのか、浮いているのか。
②ボールと地面の間にクラブを入れる隙間《すきま》があるのかないのか。
③芝目は順目か逆目か。
④ボールのある場所は平らなのか傾斜があるのか。
などを見極めることが、アプローチを寄せるための絶対条件になる。

ライの確認を怠《おこた》ったり、ライの状況を勘違いしていたりすれば、どんなに技術があっても、その技術は使い物にならない。どころか、ミスの原因になる。

たとえば、ボールがラフに沈んでいるのに、ロフトを立ててボールをクリーンに打とうとすれば、ラフの抵抗をもろに受けて、ボールはカップに寄るどころか、ラフから脱出すらできないだろう。こんなときは、フェイスを開き、ラフを切り取るようにしてボールをフワリと上げるような打ち方をしなければならない。反対にボールが浮いていれば、フェイスを開いてソールを滑らせると、ダルマ落としになって、まったく距離が出ないということもある。

また、ボールがフェアウエイにあるのなら、転がそうがボールを上げようが何でもできそうだが、同じフェアウエイでも、少しボールが沈んでいることもあれば、逆目にあることもある。あるいは、冬の枯れ芝では、フェアウェイよりラフのほうが寄せやすいということもある。そのあたりの判断が的確かどうかで、スコアが大きく違ってくることはいうまでもない。

この章では、主にラフやベアグラウンドなどの悪所からのアプローチの打ち方を、次章ではさまざまな傾斜からの打ち方を説明していくが、実際のラウンドでは、ライ以外の状況についても確認すべきことはある。

ひとつはグリーンの硬さと速さ、そして傾斜だ。硬くて速いグリーンは、ワンバウンド目が大きくはねたり、スピンがかかりにくかったりするから、ランが多くなることを計算して、アプローチの方法や球筋を選択することになるし、カップまでの傾斜やグリーンエッジからカップまでの距離によっても、アプローチの方法が違ってくる。

もうひとつは風だ。〃転がし〃ならほとんど影響は受けないが、フォローのときにボールを上げると、思った以上に距離がでたり、スピンがほどけて、ランが出てしまったりすることがある。だから、プロや上級者は、アゲインストのときのほうがアプローチしやすいという人が多い。

こうしたアプローチにおけるコースマネジメントについては6章で解説するが、このようにアプローチでは、技術以前にいろいろ考えなければならないことが多い。まあ、優勝争いをしているプロゴルファーのように時間をかけてはスロープレイになるから要注意だが、これから紹介するような〃ライ別・打ち方の公式〃が頭に入っていれば、さほど時間をかけなくても、〃正解〃が導き出されるはずである。

〃本気の素振り〃でスコアは確実に縮まる

1章で、距離感を出すためには何よりイメージが大切であり、そのためには〃落とし場所〃を見ながらの素振りが大切という話をした。ここでは、ライごとの打ち方を説明する前に、もう一度、別な角度から素振りの重要性を指摘しておきたい。

練習目的のラウンドで、グリーン周りのアプローチを失敗。そこで、試しにもう一度、同じところからボールを打ったところ、今度はピンにぴったり寄った――。あなたにはこんな経験がないだろうか。

ぴったり寄った理由はいうまでもない。同じところから打ったゴルファーは、そのライからなら、どんなボールが出て、どこに着地し、どれだけ転がるか、ということが漠然としたイメージではなく、現実、つまりリアルな映像としてわかっているからだ。

まあ、ゴルフでは、ショットであれパッティングであれ、打ち直しが許されれば、それだけでスコアは10打くらい違ってきそうだが、とくにアプローチとパッティングで打ち直しがぴったり寄ったり、入ったりするのは、短い距離を打つこのふたつのショットでは、それくらいイメージが大切という何よりの証拠だろう。

しかし、もちろんゴルフは、どんなショットもパッティングも一度しかできない。では、どうすれば打ち直しと同じような好結果が得られるのか？

方法はひとつしかない。スタンス、フェイスの開き具合、スイングの幅などを本番と同じにして、ボール付近の同じようなライに立ち〝本気の素振り〟をするのだ。そして、その〝本気の素振り〟の結果、どんなふうにボールが出て、グリーンでどう転がったかを、頭のなかでできるだけリアルに視覚化するのである。

もし、そのイメージが気にいれば、あなたはすでに1回打ったも同じ。そのイメージが消えないうちに（片山晋呉によれば、イメージがわいたら、8秒以内に打たないとそのイメージは消えてしまうという）素振りと同じようにスイングすれば、それは打ち直しと同じようにカップに寄っていくはずだ。気にいらなければ、自分の望むショットが〝予習〟できるまで、〝本気の素振り〟をくり返せばいい。

素振りというと、なんとなく〝感じ〟を出すだけのゴルファーが多いけれど、とくにラフや複雑なライでは、この手の素振りはあまり意味がない。

同じようなライで、実際のショットと同じように構えて、本番さながらの〝本気の素振り〟をすれば、イメージがリアルになるというだけではない。ボールがラフにあるときはラフの抵抗がどれくらいかを判断する材料になるし、複雑なライではクラブの接地点が確認できるから、どこにボールをセットすればいいのかもわかる。

〝本気の素振り〟には、そういう〝実利〟もある。

アプローチで素振りを2～3回くり返したところで、スロープレイにはならない。自分が納得できるまで、リハーサルをくり返すことだ。

ラフに沈んでいるボールはどう打つのが正解か

ライごとの打ち方の最初は、「ラフに沈んでいるボール」の打ち方だが、ひとくちに「ラフに沈んでいるボール」とはいっても、そのライは一様ではない。

まずは、ラフに沈んではいるけれど、ボールの頭が見えており、ボールの下にクラブを入れる隙間《すきま》がある場合。5～6センチに刈ってあるラフの、真ん中あたりにボールが沈んでいる状態で、ふつうのコースならもっとも多いケースだ。

こんなときは、SWのフェイスを開いて、ソールを滑らせるように打つのが正解である（もちろん〝手打ち〟は×で、身体の回転で打つ）。ラフからのショットは、ヘッドに芝がからみ、インパクトでフェイスが急激に返り、ボールが左に出やすいが、フェイスを開けば、それだけ芝をカットする感じになり、芝がからみにくくなる。

ラフというと、芝の抵抗に負けまいとして、上から鋭角的に打ち込む人が多いが、この打ち方では、ボールはラフから脱出することはできても、止まりにくいため、なかなか寄りようがないのだ。

ラフにあるボールを上から打ち込んでいい（というか、打ち込むしかない）のは、

ボールが半分埋まっているラフからの打ち方

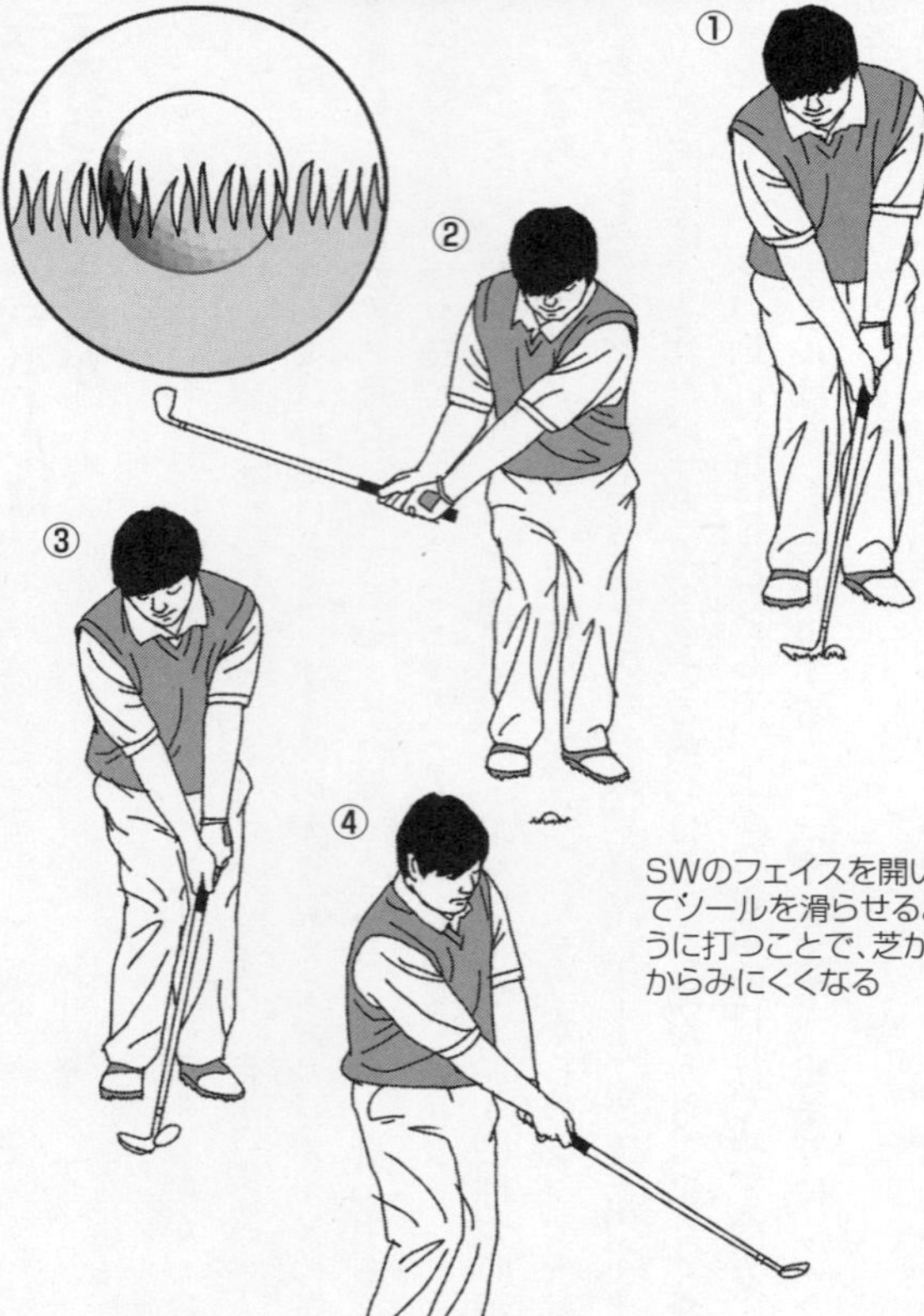

SWのフェイスを開いてソールを滑らせるように打つことで、芝がからみにくくなる

ボールが完全に埋まっているラフからの打ち方

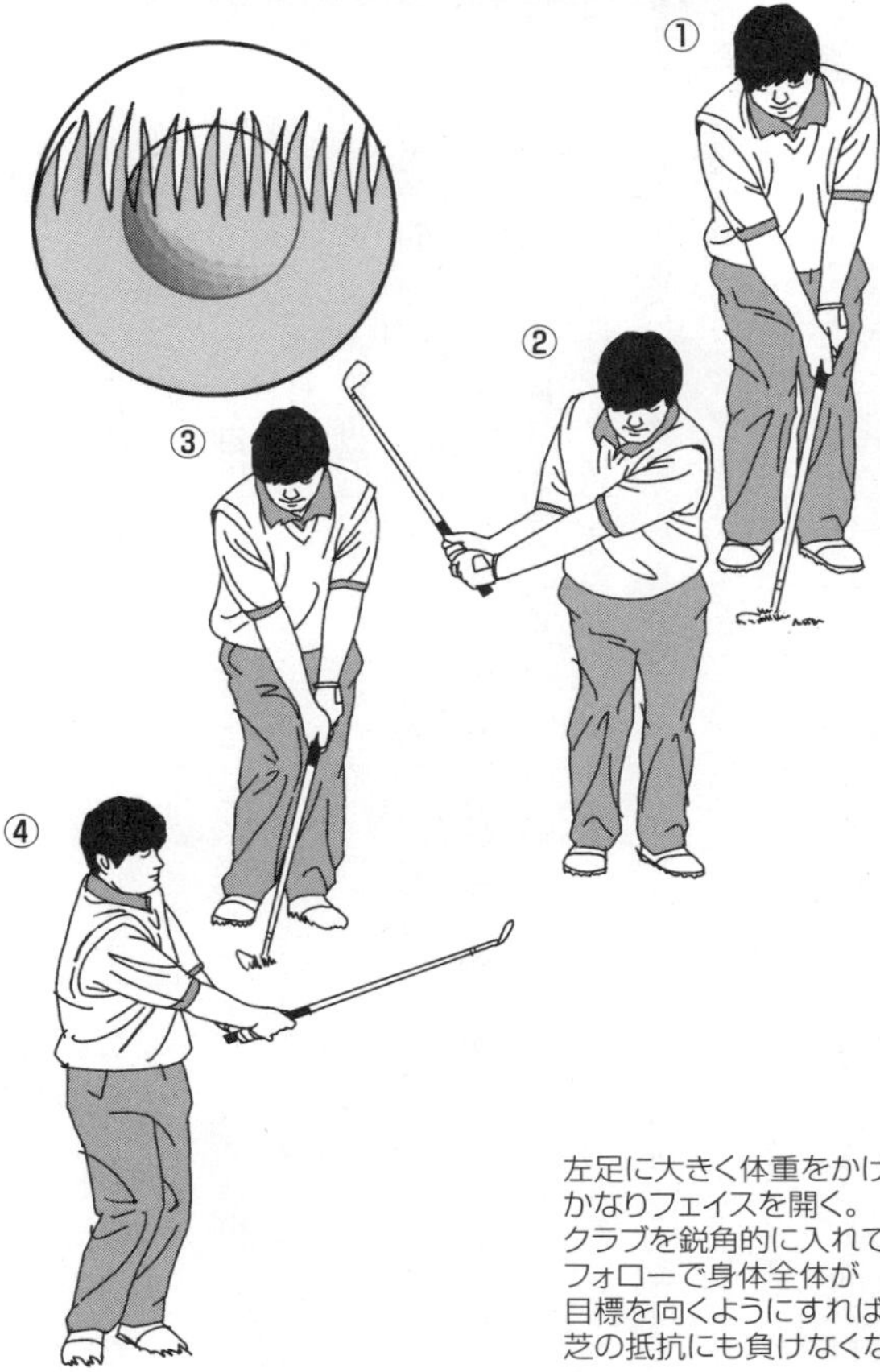

左足に大きく体重をかけ、
かなりフェイスを開く。
クラブを鋭角的に入れて、
フォローで身体全体が
目標を向くようにすれば、
芝の抵抗にも負けなくなる

ボールの頭が見えないほど、すっぽりと深いラフに埋まっている場合と、ボールの下にソールを滑らせるような隙間がない場合だ。

こちらのショットは、下に隙間があるときより数段むずかしい。ポイントは、「芝の抵抗に負けないで、いかにヘッドをボールに当て、振り抜くか」にある。

それには、まず左足7、右足3の体重配分にして、オープンスタンスに構えること。そして、SWのフェイスを開く。こうすると、自動的にハンドファーストの構えになるため、クラブが鋭角的に下りやすくなる。

ただし、鋭角的にクラブを入れるとはいっても、上から叩きつけるのではダメ。上から叩きつけると手打ちになりやすく、これでは、ラフから脱出できても、距離感はまるで出ないし、方向性も悪くなる。

こうしたショットでは、クラブは鋭角的に入れても、あくまで身体の回転でスイングすることが重要だ。フォローで身体全体が目標を向くようにすれば、手や腕ではなく、身体全体でスイングしているから、芝の抵抗に負けることもない。ただし、ボールにはほとんどスピンがかからないから、ランは出る。イメージは、フワリと上がって、コロコロと転がっていく感じ。ランを長めに計算して、1ピンに寄れば御の字と考えよう。

また、ラフからのアプローチは、芝の抵抗に負けないよう、グリップをふだんより強めに握ること。

抵抗の強い「逆目のラフ」を切り抜ける打ち方

グリーンの奥や、プレーヤーが隣のホールへ移動するときの通り道になるような場所は、たいてい逆目になっている。

逆目のラフからのアプローチは、それほどボールが沈んでいなくても、芝の抵抗が想像以上に大きいため、かなり難度が高いが、ひとつだけ救いはある。

それは、逆目のラフは、少々ボールが潜っているように見えても、ボールの下に隙間のある場合が多いということだ。つまり、前項で紹介したように、SWのフェイスを開いて、ソールを滑らせるように打つのがこの場合の正解になる。イメージとしては、ボールの前後にある芝を平らに刈り取るような感じ。ボールに対して鋭角的に打ち込むのは危険だ。

コツは、ボールをやや左足寄りにセットして、アドレスでハンドレイトの構えをつくること。こうすると、ヘッドをフラットに走らせやすくなる。

逆目のラフからの打ち方

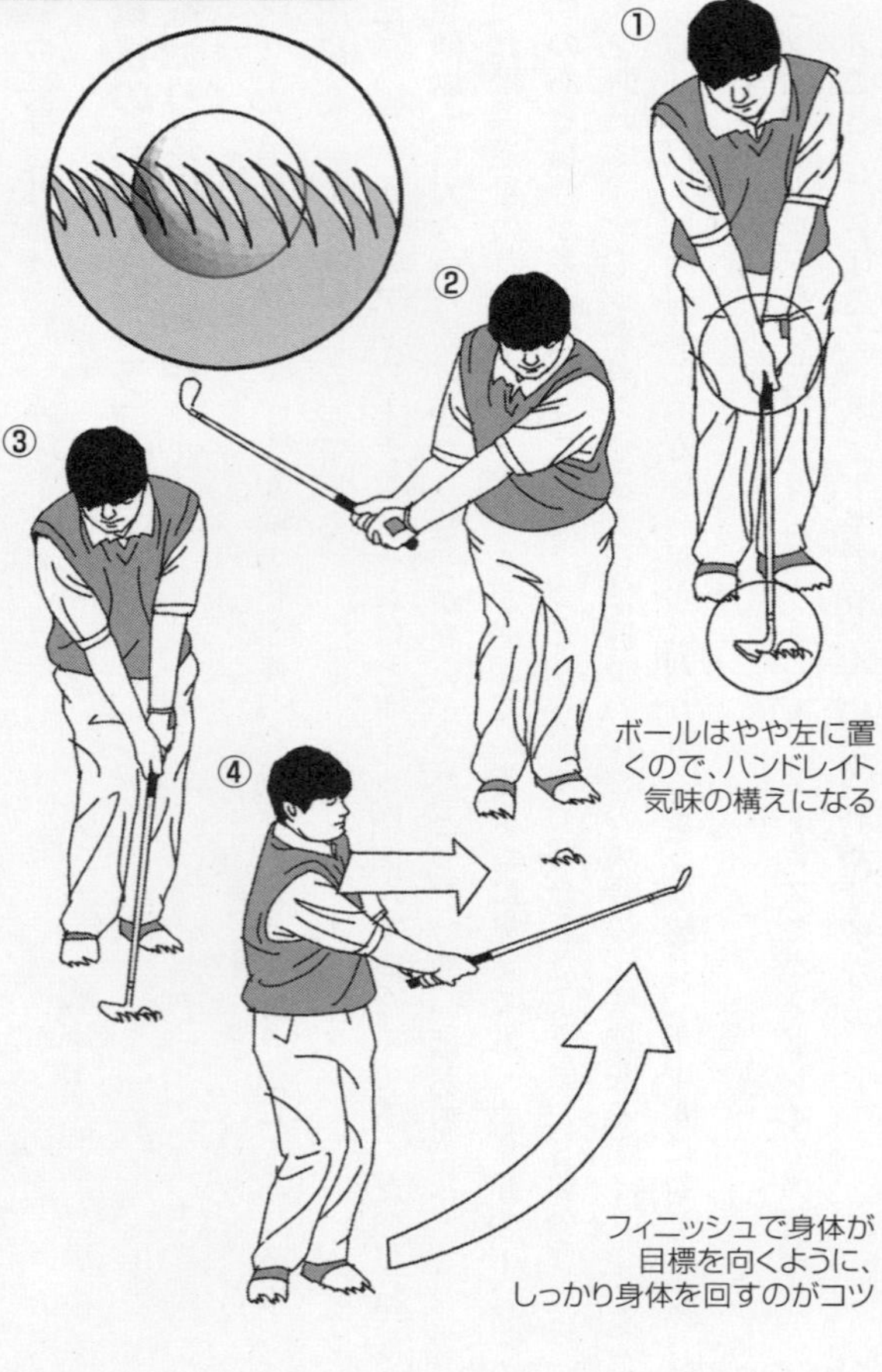
①
②
③
④
ボールはやや左に置
くので、ハンドレイト
気味の構えになる
フィニッシュで身体が
目標を向くように、
しっかり身体を回すのがコツ

この場合も、手打ちは厳禁。フィニッシュでは目標に身体が向くよう、しっかり身体を回してやらないと、ラフに負けたり、インパクトが緩《ゆる》んだりする。

逆目のラフは抵抗が強いし、ボールが当たるのはフェイスの上の部分になるから（開いたフェイスをボールの下に潜らせれば、当然そうなる）、キャリーはあまり出ない。通常のショットの2倍の距離感で打つといい。

ラフに浮いているボールを〝ダルマ落とし〟しない法

ラフに入ったボールだったが、行ってみるとボールが浮いている。こんなとき、たいていのゴルファーは「ラッキー！」と思うはず。こうしたライなら、フェイスを開こうが閉じようが、ボールだけをクリーンに打てる。使用するクラブも、キャリーとランをどう設定するかによって、何でも使える。

ところが、ラッキーと思ったのもつかのま、こうしたライではえてしてミスをしやすい。もっとも多いのが〝ダルマ落とし〟。ボールが浮いているため、ヘッドがボールの下を潜ってしまい、ほとんどボールが飛ばないというミスである。ＳＷなどロフトの大きなクラブを使ったときに起こりやすい。

ラフに浮いているボールの打ち方

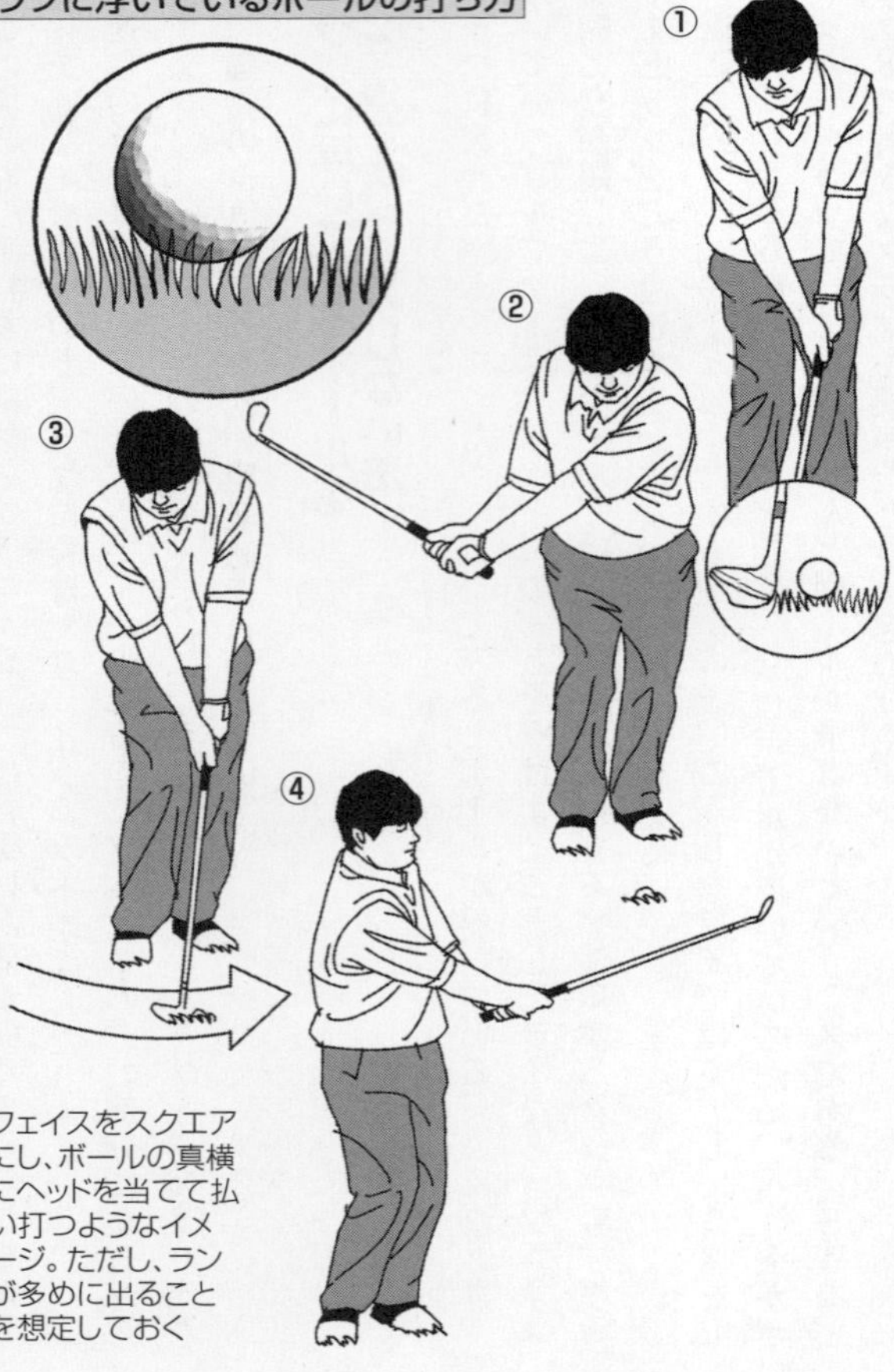

フェイスをスクエアにし、ボールの真横にヘッドを当てて払い打つようなイメージ。ただし、ランが多めに出ることを想定しておく

〝ダルマ落とし〟にならないためには、ボールが地面からどれくらい浮いているかを確認し、浮いている分だけクラブを短く持つことだ。そして、何回か素振りをして、ヘッドが通過する高さを確認する。あとはいつものようにスイングすればいい。

ただし、ボールを高く上げようとしては、せっかくクラブを短く持っても、ダルマ落としやトップの危険がある。ボールが浮いているときは、むしろフェイスをスクエアにし、ボールをフェイスに乗せて、落とし場所まで〝運ぶ〟ようなイメージが大切。具体的にはボールの横からヘッドを入れて、払い打つようなつもりでスイングするといい。

クリーンに打てるとはいっても、ラフである以上、スピンはかかりにくい。ランを長めに計算して、落とし場所を決めることだ。

ディボット跡にボールがあるときの二つの打ち方

グリーンを狙ったボールは、ややショートして花道に止まった。これなら寄せワンが狙えると思いながらボールのところに行ってみると、運の悪いことにボールはディボット跡に……。花道は、ほかのプレーヤーのターフの跡やザックリの跡が意外に多いのはご存じのとおりだ。

ディボット跡は、ボールの下が削られた短い芝か目土（砂）だから、クラブを入れる隙間がない。よって、ソールを滑らせるように入れることは不可能だ。

ということは、方法はふたつしかない。ひとつは、クラブのフェイスを立てて、ランニングアプローチの要領で転がす方法。もうひとつは、フェイスを返しながら、ややダウンブローに打つ方法である。

どちらもボールをクリーンにとらえるための打ち方だが、やさしいのは圧倒的に前者だ。

ポイントは、クラブをできるだけ短く持ち、ややオープンに構えたら、ボールを右足の外側にセットすること（フェイスを立てた状態で、目標にスクエアにセットしようとすれば、必然的にボールは右足の外側にくるはず）。あとは、ボールだけを打つ意識でインパクトに集中し、クラブを上げて下ろすだけだ。ウェッジではザックリしそうなら、ショートアイアンやパター、ＦＷを使ってもいい。

後者の方法は、ピンまでの距離が10ヤード以内のような短い場合に有効。ややオープンスタンスに構えてボールは真ん中に置く。ＳＷのフェイスをややオープンにセットしたら、バックスイングでフェイスをさらに開き、ダウン以降はフェイスを

フェイスを立てたランニングアプローチ

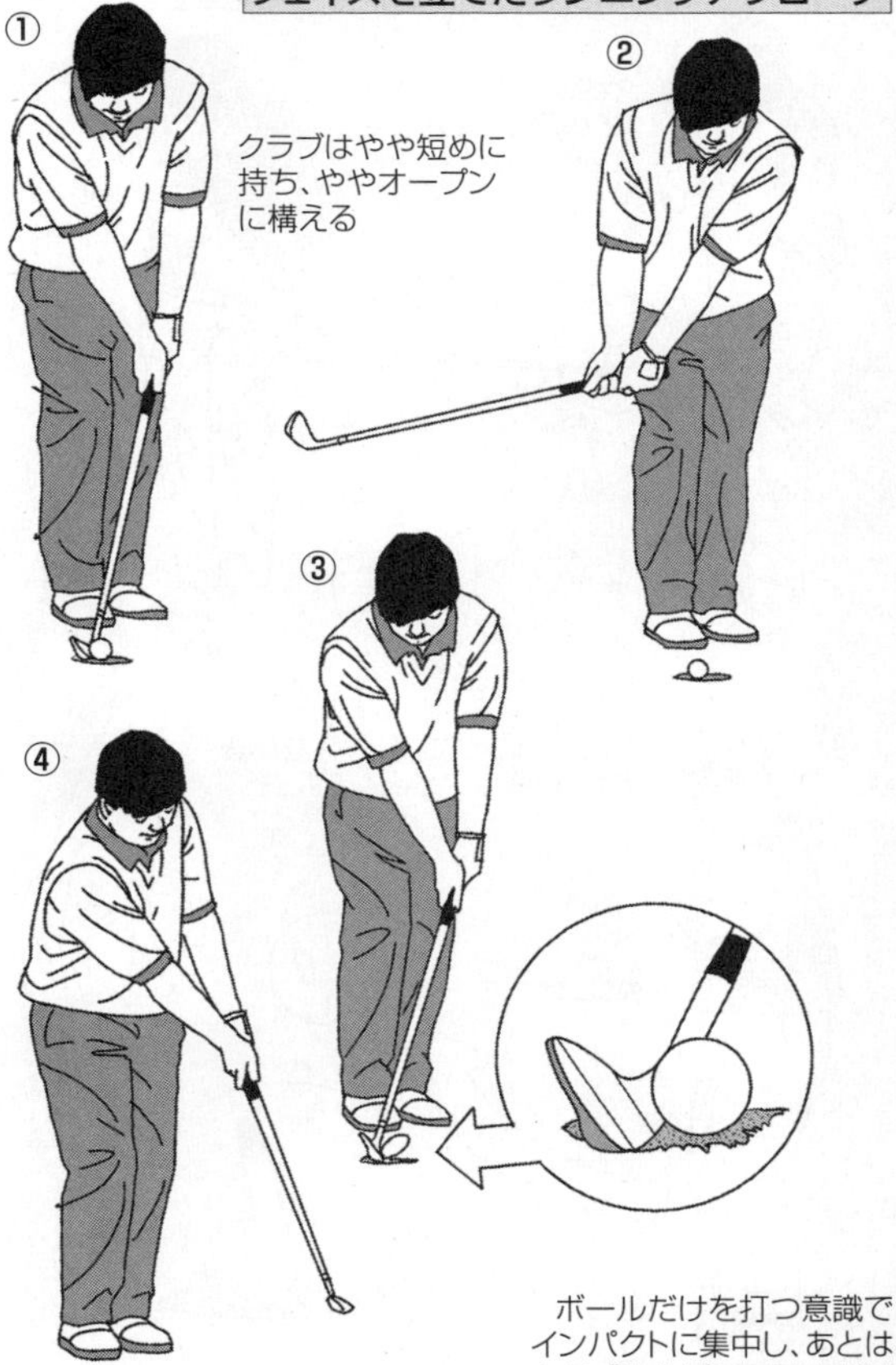
①
クラブはやや短めに
持ち、ややオープン
に構える
②
③
④
ボールだけを打つ意識で
インパクトに集中し、あとは
クラブを上げて下ろすだけ

フェイスを返しながらダウンブローに

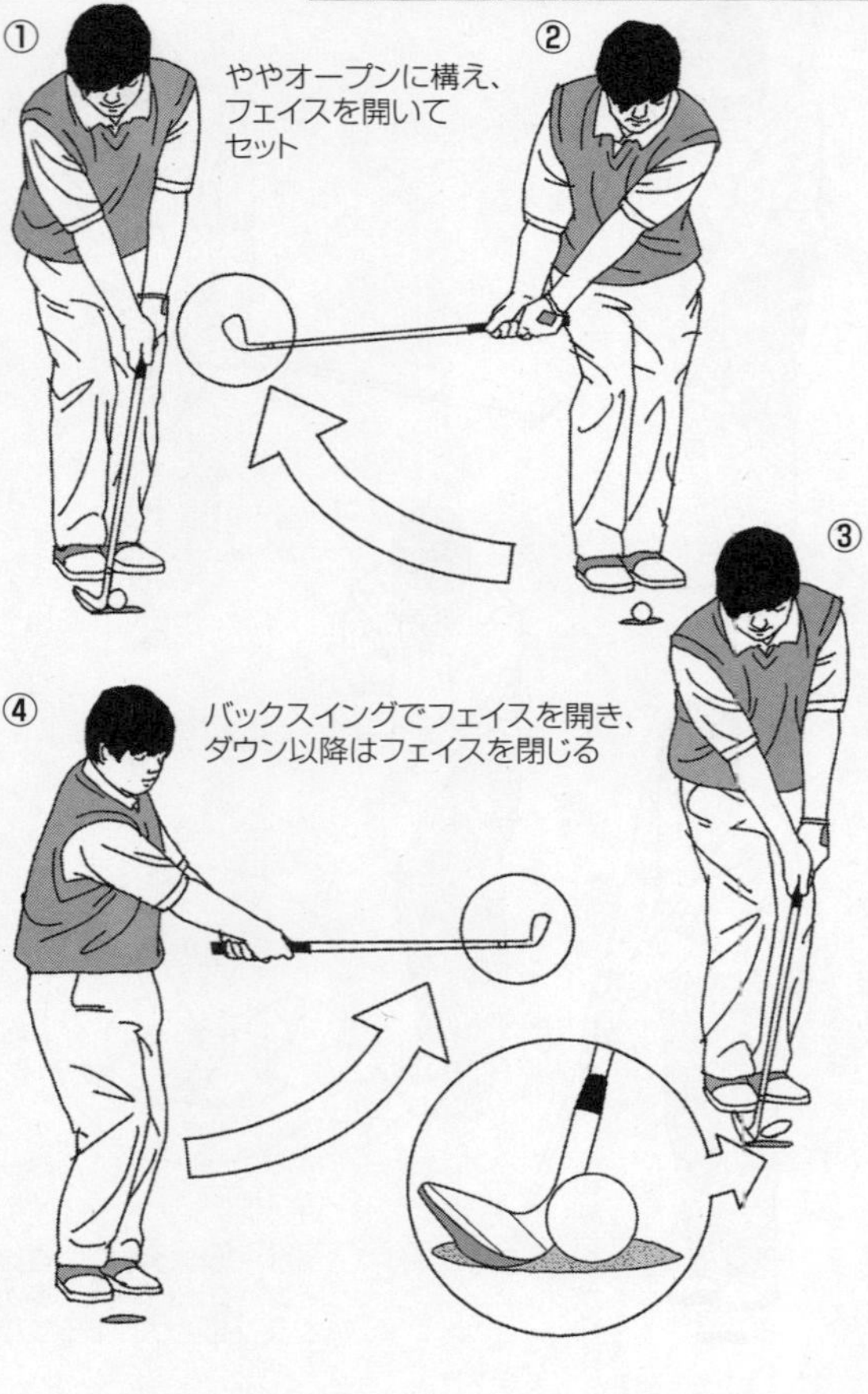
①
②
③
④
ややオープンに構え、
フェイスを開いて
セット
バックスイングでフェイスを開き、
ダウン以降はフェイスを閉じる

閉じる。このフェイスの開閉によって、クラブの軌道が通常よりややダウンブローになるため、少々ライが悪くても、ボールがクリーンに打てる。コツは手首を柔らかく使うことだが、かなり練習を積まないとむずかしい。

ビギナーが誤りやすいベアグラウンドからの打ち方

ベアグラウンドで、いちばんやってはいけないこと。それは、ボールを上げようとすることである。

ボールを上げるためには、開いたフェイスをボールの下に潜らせなければならないが、ベアグラウンドでは下が硬い土なのだから、そんなことをしては、十中八九、ソールが弾かれてしまう。ところが、ゴルフの経験が少ない人ほど、この不可能なことをやろうとするのだ。

ベアグラウンドからの基本的な打ち方は、〝転がし〟だ。フェイスを立てて、リーディングエッジを目標にスクエアに合わせたら、ヘッドをボールに当てることだけに集中する。ヘッドを上から落としたら終わりというイメージでいい。

使用するクラブは、ＳＷはバウンスが大きいので使わないほうがいい（弾かれやすい)。短い距離でもPWか9番アイアン。30ヤード以上あるときやグリーンまでの上り傾斜が強いときは、8番〜7番アイアンで、ワンクッション入れるくらいのつもりでいい。

カラーとラフの境目にボールがあるときの打ち方

グリーンをこぼれたボールが、カラーとラフの境目で止まっている。ボールの後ろはラフで、クラブがうまく入りそうもない……。

こんなケースの打ち方として、前著『頭がいいゴルファー 悪いゴルファー』では、SWのリーディングエッジ(刃)の部分で、ボールの赤道付近をコツンと打つ方法を紹介したが、ここでは別な打ち方を紹介しよう。

ひとつは、クラブのフェイスを立て、ボールとラフの間をめがけて、上から鋭角的に打つ方法。ヘッドを落としたら終わりというイメージでいい。

もうひとつは、ボールを右足の外側にセットしたら、ランニングアプローチの要領で、芝ごとボールを運ぶつもりで打つ方法だ。

いずれの方法も、かなりランが出るので、カップまでの距離があるときに使え

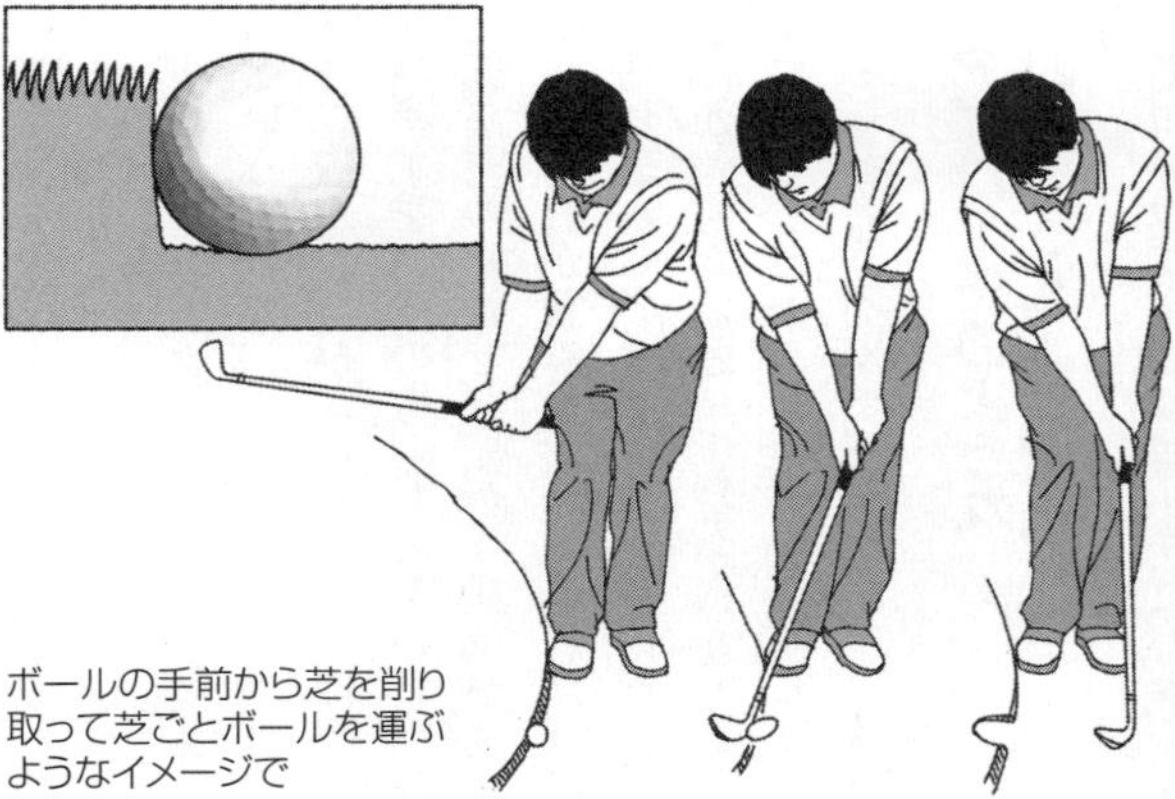

ボールの手前から芝を削り取って芝ごとボールを運ぶようなイメージで

る。ただし、距離感を合わせるのはむずかしい。１ピン以内に寄れば御《おん》の字。グリーンの真ん中に乗ればいいというくらいのつもりで。

カップまでの距離が短いときは、やはりＳＷの刃で打つのがいちばん距離が合わせやすい。

ただし、ボールは最初から順回転で転がっていくので、パターよりも転がりがいいことを計算に入れておこう。

枯れ芝からのアプローチは“転がし”が一番安全

冬のゴルフでいちばんむずかしいのはアプローチとよくいわれる。

冬は芝が枯れているのはもちろん、その

下の地面も午前中は凍っていることが多い。極端にいえば、板の上からアプローチをするようなもので、むずかしいのも当然。プロゴルファーだってこの時期のラウンドでは、ザックリすることもある。

というわけで、冬ゴルフのアプローチでは、もっともザックリしにくい方法、つまり〝転がし〟が基本になる。打ち方は61ページで解説したとおりだ。

パターを使うのももちろんいい。好都合なことに、冬は芝も枯れている。夏なら元気な芝のせいで、転がり具合が読みにくいけれど、冬の芝は抵抗が少ないから、転がり具合が読みやすい。それだけパターの使える範囲が広くなるというわけだ。

枯れ芝からのアプローチが得意な人というのはそういない。だからといって苦手意識が強すぎると、手打ちになったり、インパクトで緩んだりのミスが出る。冬ゴルフのアプローチでは、「失敗してもいい」という開き直りが大切。「失敗するかも…」という不安を抱えながらでは、そのとおり、失敗するのがゴルフなのだから。

アプローチのようなパッティング術のヒント

冬ゴルフで、アプローチにパターを使う場合、問題になるのは、やはり距離感だ

枯れ芝からパターで転がす打ち方

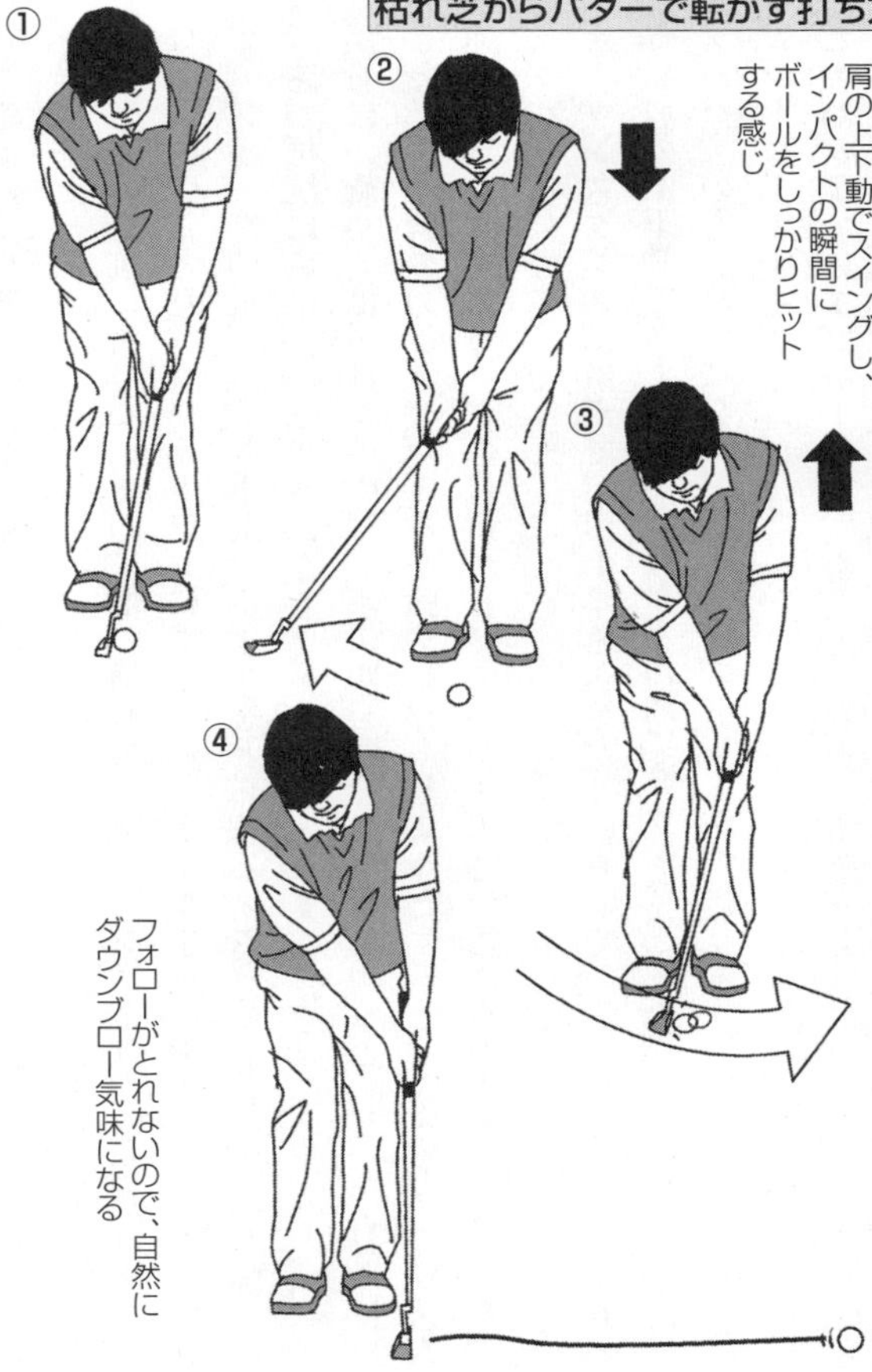
手打ちを防ぐためにも、肩の上下動でスイングし、インパクトの瞬間にボールをしっかりヒットする感じ

ろう。冬はいくら芝の抵抗が少ないとはいえ、グリーンよりは抵抗が大きいのだから、そこをどう読むか？

まず、芝の抵抗に負けないためには、通常のパッティングより、少しだけダウンブローに打つことだ。ややオープンに構えたら、ボールを真ん中より右足寄りに置いて、スイングの最下点より手前でボールをとらえる。こうすると、出球が強くなり、芝の抵抗に負けない転がりになる。

反対に、やってはいけないのは、ボールを強くヒットしようとして、手打ちになること。手や腕の力加減でボールを強くヒットしようとすると、スイングのリズムが速くなったり、スイングの軌道が狂ってパターの芯に当たらなかったり、いろんなミスの原因になる。

オープンスタンスに構えて、ボールを右足寄りに置いているのだから、いつものように肩の上下動でストロークしても、自然にダウンブロー気味になる。距離感は、インパクトの力加減ではなく、あくまでストロークの振り幅（肩の上下動の大きさ）でコントロールすることだ。

このパターでのアプローチ法、もちろん夏芝でも使える。

ザックリが怖いならヒールを浮かせて寄せる

冬はパターでのアプローチが有効という話をしたが、ボールからグリーンエッジまで長いラフが5ヤードくらい続いていたり、地面が凸凹していたりしては、パターは使えない。

こんなときは、それらの〝障害物〟の上を越えていくしかない。ボールの下にクラブを入れる隙間があれば、SWのソールを滑らせるようにして打つピッチ&ランで行けそうだが、この「SWのソールを滑らせる」という打ち方が苦手な人（ザックリしそうな人）には、もっと安全確実な方法をおすすめする。

使用するクラブは、PWから9番~7番アイアンまで。これらのクラブをパッティングのときと同じように構え、ストロークする方法である。

まずパッティングのときと同じグリップでクラブを短く持つ。ボールの位置やスタンス幅はあなたがパッティングするときと同じ。ボールをスタンスの中央か、やや左足寄りにセットしたら、やはりパッティングのときと同じになるようボールの近くに立つ。

すると、これらのクラブはパターよりシャフトが長いので、自然とヒールが浮くはず。で、地面に触れているトゥ寄りにボールをセットし、トゥ側の向きをスクエアにしてボールを打つのだ。

まえに、アプローチの極意は、「クラブと地面の接触部分をできるだけ少なくする」といったが、この打ち方もそのひとつ。ヒールを浮かせて、トゥ側でボールを打てば、クラブと地面の接触部分が小さくなって、それだけザックリなどのミスが防げるというわけだ。

打ち方は、当然パターと同じ。手首を下に向けたら、コックを使わず、肩の上下動でストロークする。クラブの最下点でボールにコツンと当てる感じだ。

ただし、この打ち方では、キャリーは5ヤードまでが限界。それ以上キャリーさせようとすると、トゥ側にきちんと当たる確率がぐんと減って、とんでもないミスになる危険性が大きい。5ヤード以上キャリーさせようと思えば、後述するようにSWを使うしかない。

PWから7番アイアンまでのどれを使うかは、グリーンエッジからカップまでの距離で決める。

たとえば、5ヤードキャリーさせた場合、PWならランは5ヤード、9番アイ

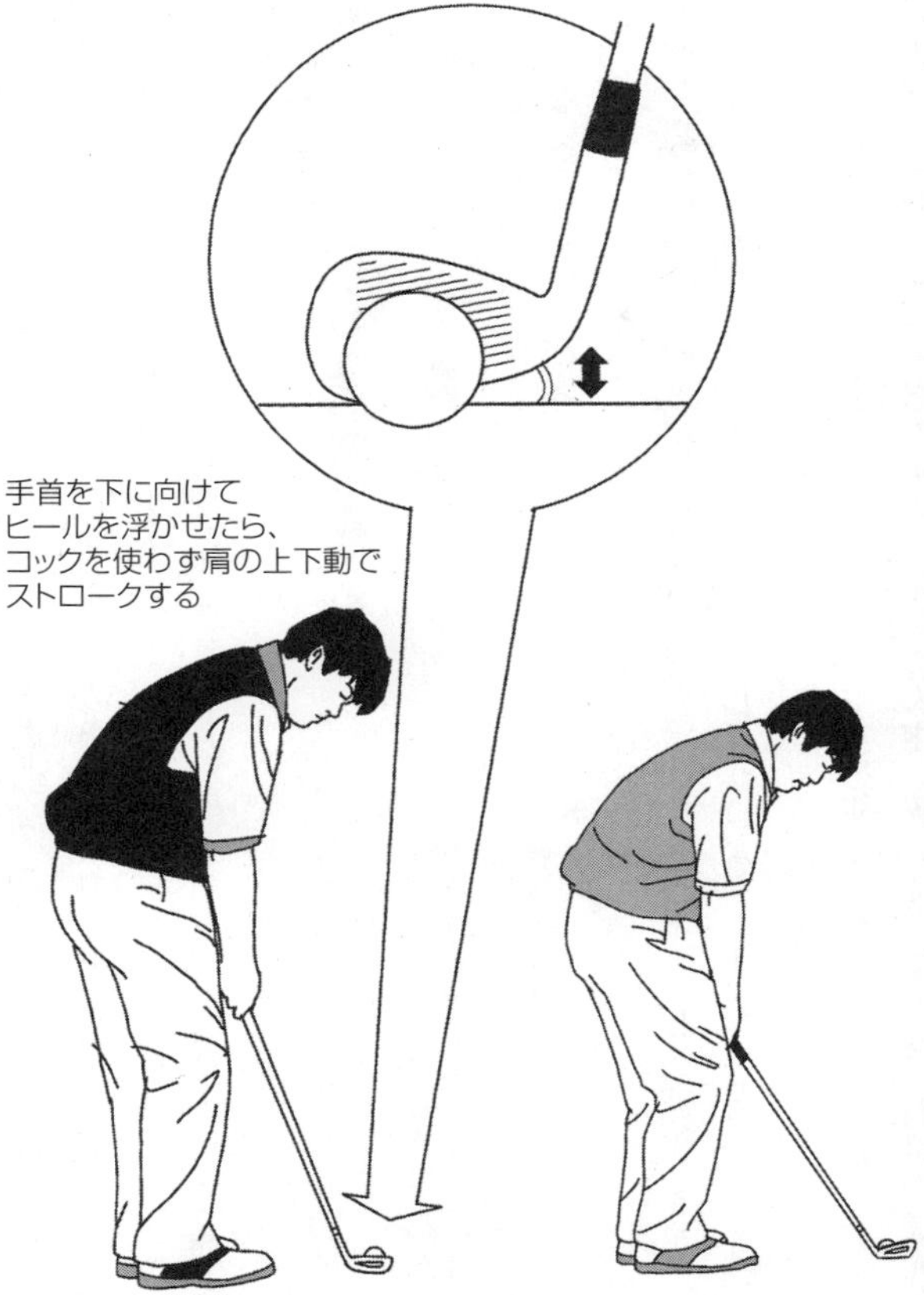
手首を下に向けて
ヒールを浮かせたら、
コックを使わず肩の上下動で
ストロークする

ヒールを浮かせたときの構え　　ヒールを浮かさないときの構え

アンなら7ヤード、8番アイアンなら9ヤード、7番アイアンなら11ヤードというところが目安になるが、練習段階で自分なりのキャリーとランの公式をつくっておく必要があることはいうまでもない。

この方法は、ベアグラウンドなど、ライの悪い場所からのアプローチでも使える。

枯れ芝でもSWでザックリしない裏ワザ

さて、カップに寄せるためには、5ヤード以上のキャリーが必要という場合の打ち方である。

こんなときはSWを使うしかない。打ち方は、84ページで紹介した「ソールを滑らせれば、ザックリがなくなる」と基本的には変わらない。

ただ、相手は冬の枯れ芝だから、若干の違いはある。ちょっとむずかしくなるが、この技術を自分のものにしてしまえば、ひじょうに大きな武器になる。ぜひ練習を積んで、マスターしていただきたい。

①ポイントは、絶対にダフらないよう、ボールを極端に右側に置くということ。ふだんのピッチショットでボールを両足の真ん中に置いている人は、右足つま先線上

枯れ芝からコックだけで打つ方法

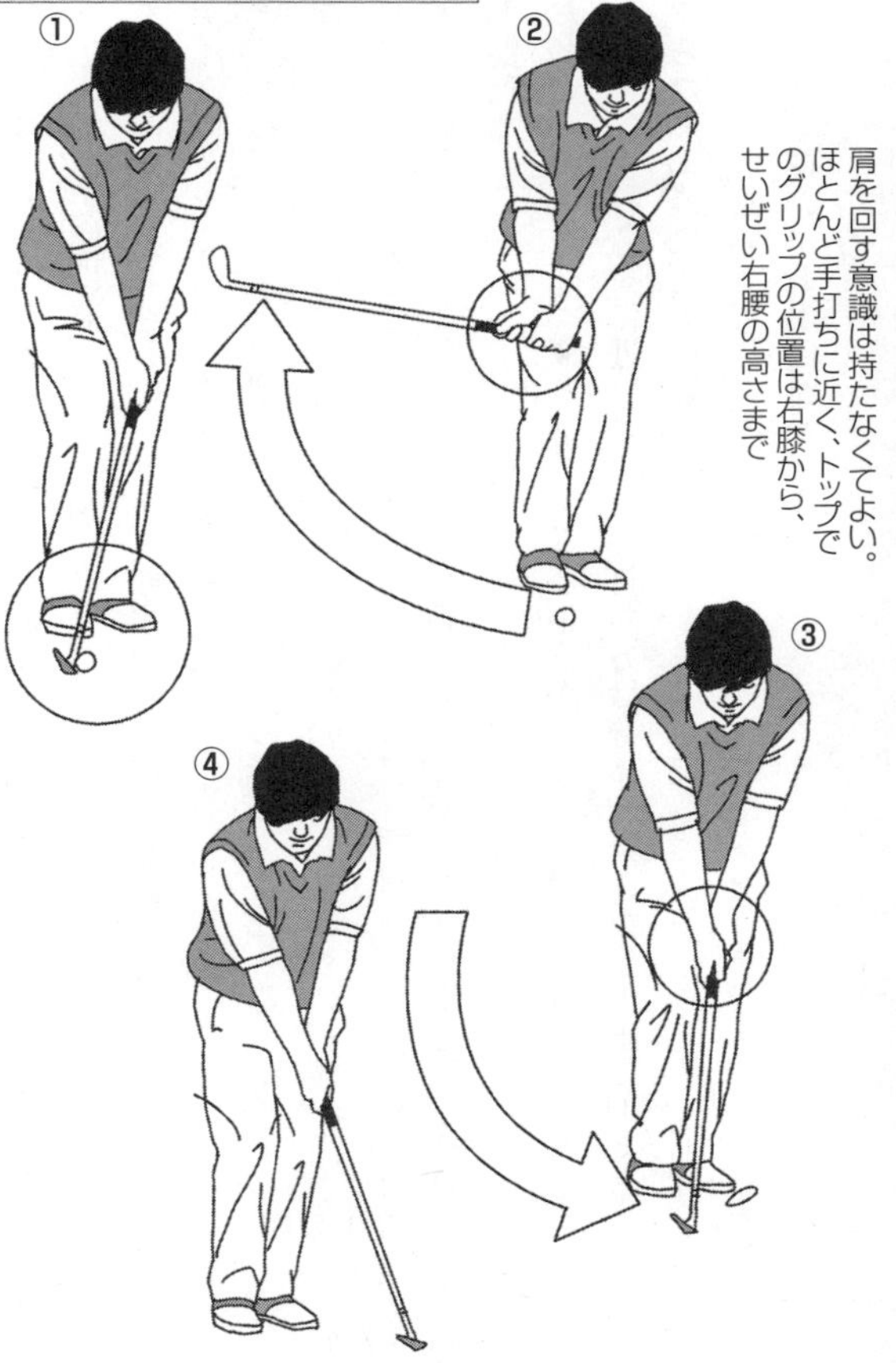
①
②
③
④
肩を回す意識は持たなくてよい。ほとんど手打ちに近く、トップでのグリップの位置は右膝から、せいぜい右腰の高さまで

に、右足つま先線上に置いている人は、さらにボール1～2個分右に置く。
②スタンスの向きは左斜め45度。左足体重で、ハンドファーストに構える。このセットアップで右側に置いたボールにクラブが当たるよう、練習でも実際のラウンドでも、何回か素振りをして、ボールが当たる場所を確認しておくことだ。
③テイクバックでコックを入れたら、そこがトップ。
④そこから、コックをほどきながらアドレスの形に戻したところがインパクト。
つまり、トップでのグリップの位置は、右膝の上からせいぜい右腰の高さまで。肩を回す意識は不要（コックにつられて自然に回る）。スイング中は、ずっと左足体重をキープしておく。また、ボールは右側にあるので、フォローを取ろうとする意識は不要だ。

おわかりのように、超コンパクトというか、コックだけで打っているというか、ほとんど〝手打ち〟に近いが、この打ち方は身体の動きを最小限に抑えることで、ダフらないようにしているわけだ。

なお、この打ち方でのキャリーは、トップを右腰あたりまで持っていったときの20ヤードくらいが上限になる。

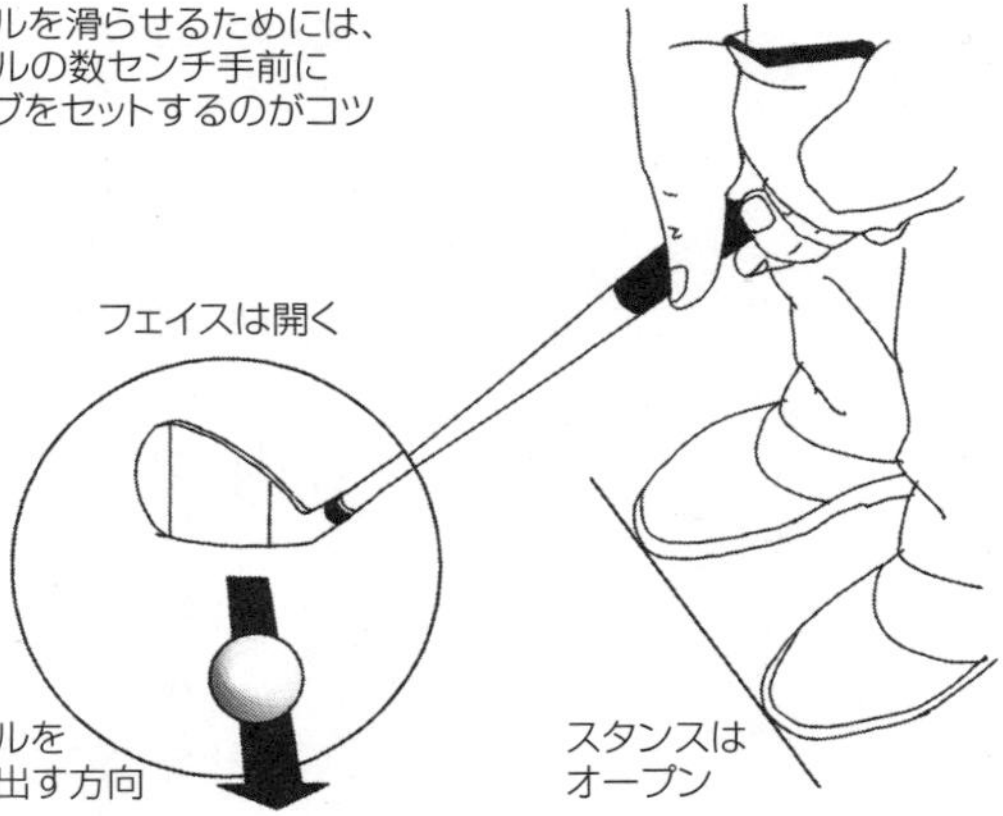
ソールを滑らせるためには、
ボールの数センチ手前に
クラブをセットするのがコツ
ボールを
打ち出す方向

冬のラフこそソールを滑らせる

冬ゴルフのアプローチは、ボールがフェアウエイよりラフにあったほうがラク、というゴルファーが少なくない。

枯れて芝が薄くなっているフェアウエイより、夏ほど強くなく、しかもフェアウエイより芝の〝厚み〟のあるラフのほうが、打ちやすいというわけである。

たしかにこれは一理ある。夏のラフは水気があり、粘っこくて、ヘッドの抜けが悪くなるけれど、冬のラフは枯れているため水気も粘り気もない。少しくらい沈んでいても、ボールと地面にクラブを入れる隙間さえあれば、わりと簡単にクラブのソールを滑らせることができる。

打ち方は84ページで紹介したものと同じ。ボールの手前からソールを滑らせることをより意識するために、ボールの数センチ手前にクラブをセットするといい。もちろん、その地点めがけて鋭角的にクラブを入れては大ダフリだが、フェイスを開いて、身体の回転で打てば、ちゃんとソールが滑ってボールを目的の場所まで運んでくれる。

4章

●これなら大丈夫——

傾斜地に強くなる実践的なコツ

斜面からのアプローチをミスしやすい本当の理由

練習ではいい感じでアプローチショットが打てるのに、実際のラウンドではザックリやトップが出てしまう――。

人工マットと芝の違い、プレッシャーの有無など、本番でミスする原因はいろいろあるけれど、もっとも大きな理由は、多くのアベレージゴルファーは、傾斜地からの打ち方を知らない、ということだろう。実際のラウンドでは平らな場所からアプローチできることなどめったにない。にもかかわらず、いつもの練習場のような打ち方、つまり平らな場所からの打ち方をしていれば、ミスが出ないほうが不思議なくらいだ。

そもそもの話、アプローチというのはグリーンを外したときにやらなければならないショットだ。たとえば砲台グリーンなら、グリーンの周囲は打ち上げ、すなわち左足上がりのライというケースが多くなるし、よくある受けグリーンでグリーンの奥に外せば、今度は打ち下ろし、すなわち左足下がりのライになることが多い。

さらに、実際には、左足上がりのつま先上がりのような複合的な傾斜にボールがあることが多いのがゴルフ。グリーン周りが平坦というコースはめったにないのだ。ならば、平らなライからのアプローチの練習に意味がないのかといえば、もちろんそんなことはない。というか、平らなライからきちんと打てないゴルファーが複雑な傾斜からきちんと打てるはずもなく、平らなライからの練習はすべてのアプローチの基本になる。

では、その基本はどうすれば応用できるのか？　ここで発想を変えてみよう。なぜ、あなたは平らな場所からのアプローチだとうまくいくのか、その〝本質的な理由〟を考えてみていただきたい。それがわかれば、傾斜地でも平らな場所と同じように打つことができるはずだからだ。

ひとつ目の理由は、平らな場所からだと、とくに意識しなくても、クラブをターゲットラインに対して真っ直ぐ動かせるからだ。べつな言い方をすれば、平らな場所では、意識しなくても地面に沿ってクラブが振れるということである。

ところが、傾斜になると、とたんにクラブを地面に沿って振れなくなる。たとえば、左足上がりの場所で、いつものようにクラブを振っては、インパクト直後にヘッドが地面に突き刺さって抜けなくなってしまうし、左足下がりなら、今度はボールの手前にクラブが入ってダフリやすくなる。

これらは、いずれも傾斜に沿ってクラブを振っていないことから起きるミス。傾斜からの正しいクラブヘッドの軌道は、左足上がりなら「下から上」、左足下がりなら「上から下」にならなければならず、これが「傾斜に沿ってクラブを振る」ということになる。

ふたつ目の理由は、平らな場所では、スタンスとフェイスの向きが意識しなくても自然に決まるからだ。ボールは、かならずインパクト時のフェイスの向きに飛び出すが、平らな場所では、フェイスの向きをターゲットに合わせやすい。だから、狙った方向にボールは飛んで行くのだ。

ところが、傾斜地で傾斜に沿ってクラブを振るためには、それなりの構え、つまりスタンスとフェイスの向きを合わせておかなければならない。

左足上がりなら、前述したようにクラブヘッドは「下から上」という動きになるが、その動きがスムーズにできるためには、どんなふうに構えればいいのか。

さらに、斜面に沿って振りやすい構えができたとして、今度はどうフェイスを合わせれば狙った方向にボールが打てるのか。そのふたつがわかっていないと、傾斜地からのアプローチは成功しないのである。

三つ目の理由は、平らな場所では、スムーズに体重移動ができるが、傾斜地ではそれがむずかしいからだ。

にもかかわらず、傾斜地で体重移動をしようとすると、たいていバランスが崩れて、ミスショットの原因になる。アプローチの場合は、飛ばす必要はないのだから、平らなライでも体重移動はほとんど必要がない。まして、それが傾斜地からのショットとなれば、スイング中は絶対に体重移動をしない、というくらいのつもりでいいのだ。

覚えておきたい傾斜地からのアプローチの法則

では、傾斜ごとの「正しいスタンスとフェイスの向き」とはどんなものなのか？たとえば左足上がりの場合を考えてみよう。

実際に左足上がりの傾斜地でアプローチの素振りをしてみればおわかりのはずだが（頭の中で想像するだけでもいい）、傾斜に沿ってもっともスムーズにクラブが振れる、つまりヘッドを「下から上」に動かしやすいのは、ターゲットより少し右を向いたときだ。右を向くことで傾斜の角度がゆるやかになるため、ヘッドがつっかかりにくくなるのだ。

ただし、スタンスは右を向いているのに、クラブフェイスの向きはそのままでは、当然ボールは右に出てしまう。そこで、フェイスを少し左に向ける（閉じる）。ただし、フェイスを左に向けるとはいっても、身体の向きに対してそうなるというだけの話で、実際のフェイス（リーディングエッジ）は、ターゲットを向いている。

スタンスは右向きで、フェイスを閉じるといえば、そう、これはフックの打ち方。つまり、左足上がりでは、フックのイメージ（インサイドアウトの軌道）でアプローチするのが正解というわけだ。

以下、同じように「傾斜に沿ったスタンスとフェイスの向き」を見つけていくと、次のようになる。

傾斜	スタンスの向き	フェイスの向き	球筋のイメージ
左足上がり	クローズ（右）	閉じる	フック
左足下がり	オープン（左）	開く	スライス
つま先上がり	オープン（左）	開く	スライス
つま先下がり	クローズ（右）	閉じる	フック

ただし、これはあくまで原則であり、まったく逆のケースもある。

たとえば、左足上がりで、バンカー越えやカップがグリーンの手前に切ってあるときなど、ボールを上げて止めたいときは、構えもフェイスもオープンにしたほうがいいし、傾斜が急で、クローズに構えると、左膝がスイングの邪魔をするような場合も、やはりオープンに構えたほうがいい。

左足下がりの場合も、ワンクッション入れてグリーンに乗せるなど、低くて強い球を打ちたいときは、クローズに構えて、フェイスを閉じたほうがうまくいく。

つま先上がりにも例外はある。このライではひっかけやすいという人は、むしろある程度ひっかかることを想定して、クローズに構え、フェイスを閉じ気味のほうがいい。

つま先下がりの場合も、もともとスライスしやすいライなのだから、オープンに構えて、フェイスを開いたほうが、ラインが出しやすい場合もある。

というわけで、傾斜と構えについての〝公式〟は、アプローチとふつうのショットでは違う場合があるし、「これしかない」と決めつけないほうがいい。ただ、スタンスやフェイスの向きによってどんなボールが出るのかという原理は変わらないから、それだけは頭に入れておくことだ。原理を知っていれば、実際のラウンドでいくらでも応用がきく。

アプローチでは、ゴルファーのイマジネーション（想像力）が試されるとよくいうが、なに、原理さえ知っていれば、誰でもさまざまなアプローチの仕方がイメージできるのだ。

ただし、イメージできることと、それがちゃんとできることは別。ちゃんとできるためには、結局、練習を積み、何度も実戦で試すしかないのである。

左足上がりではボールを上げようとしない

日本のコースには、手前から上っているいわゆる〝受けグリーン〟が多い。こうした場面では、アベレージゴルファーはショートしやすく、その結果、左足上がりのアプローチが残ることが多い。

左足上がりのライからのアプローチで、もっとも多いミスは、ボールを上げようとしてダフったり、トップしたりというもの。しかし、左足上がりのライから斜面に沿ってクラブを振れば、クラブのロフトが実際以上に大きくなるため、ボールは無理に上げようとしなくても自然に上がるのだ。

左足上がりの傾斜からの打ち方

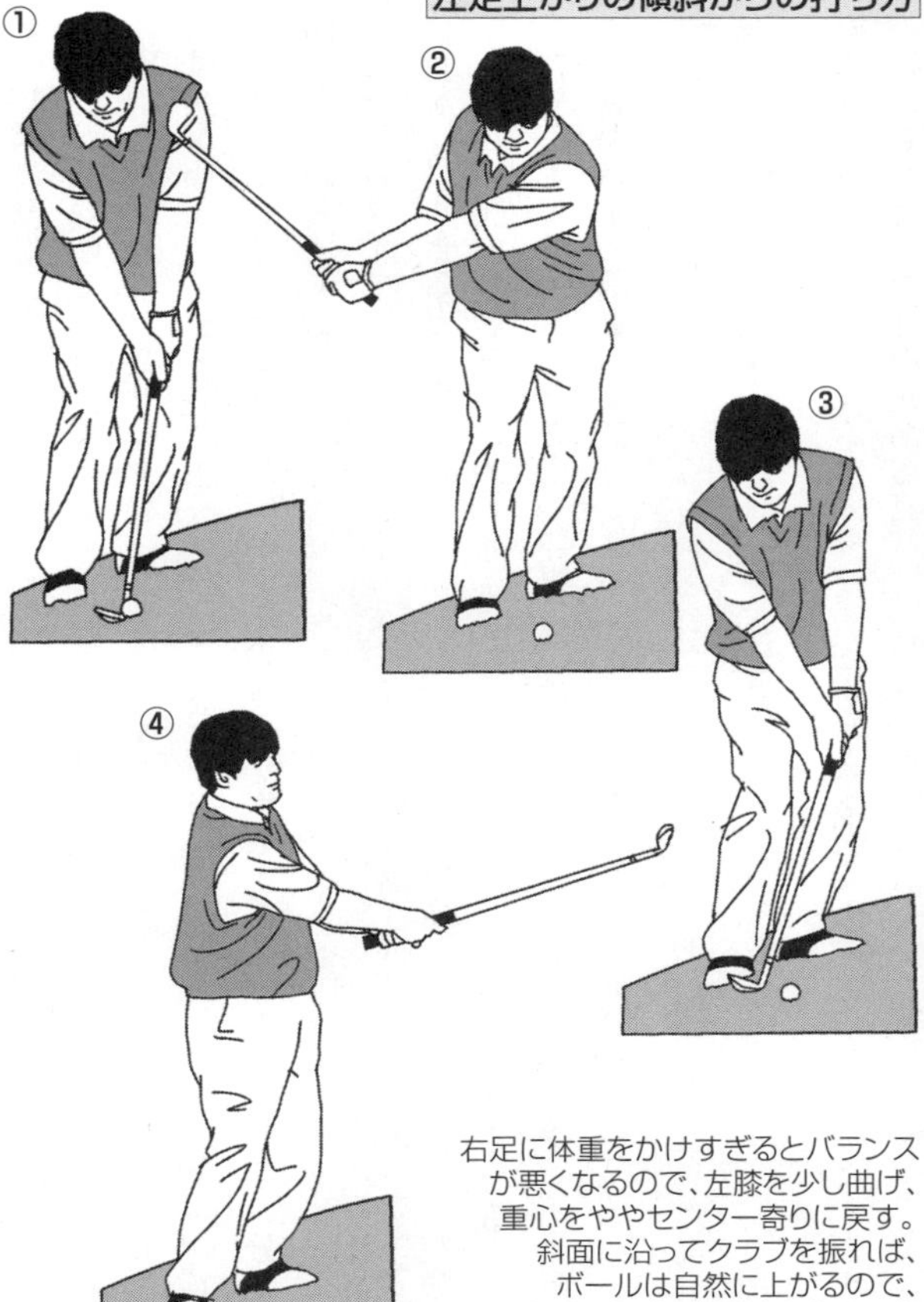

右足に体重をかけすぎるとバランス
が悪くなるので、左膝を少し曲げ、
重心をややセンター寄りに戻す。
斜面に沿ってクラブを振れば、
ボールは自然に上がるので、
ムリに上げようとしないこと

その結果、左足上がりのライでは、思ったほどキャリーが出ず、ショートしてしまうことが多いのである。よって、このライでは、振り幅を大きくするか、SWよりAWやPWなど、ロフトの少ないクラブを使ったほうが、ランが出ることも含めて距離感が合うことが多い。134ページの〝公式〟で、「左足上がりは右を向いて、フェイスを閉じる」と説明したのは、そのほうがボールを上げようとしない分、距離感が合うからでもある。

また、このライでは、左足が上がっている分だけ自然に右足体重になるが、右足に体重をかけすぎると、かえってスイングのバランスを崩しやすい。そこで左膝を少し曲げて、重心をややセンター寄りに戻すと、左右のバランスがよくなる。

アプローチでは、スイング中の体重移動はできるだけしないのがコツ。下半身はあまり動かさず、胸を回す意識でスイングすることだ。

左足下がりでは左足体重でフォローを低く長く出す

左足下がりは、アベレージゴルファーがもっとも苦手とするライのひとつ。苦手なのにはもっともな理由がある。

左足下がりのアプローチは、受けグリーンの奥にボールがあるというケースが多い。つまり、グリーンはボールより下にあり、さらにそのグリーンもカップまでは下っているという状況である。

このような〝ボールが止まりにくい〟状況では、誰でもボールをフワリと上げたくなる。で、フェイスを開いて、すくうような打ち方をしてしまうのだが、左足下がりのライでこんな打ち方をしては、完全に傾斜に逆らった打ち方になる。結果は、十中八九、トップ。また、すくわないでふつうの打ち方をしても、今度はボールの手前の地面が高いから、ダフることも多い。

まず傾斜に沿って構えるためには、

①左足体重にして、肩が斜面と平行になるように構える。必然的に軸は少し左に傾くことになる。

②ボールの位置は、ダフりにくいよう右足寄りに。

③クラブフェイスを少し開いたら、左足に体重を乗せたままクラブを真っ直ぐ上げ、ソールを滑らすようなイメージで振り下ろす。このとき、クラブをインサイドに引いてしまうと、それにつられて体重が右に移動してダフりやすくなるから要注意だ。

ポイントは、フォロースルーでボールを上げようとして、フェイスを持ち上げる

左足下がりの傾斜からの打ち方

①

②

左足体重のまま、クラブを真っ直ぐ上げる

③

④

フォローではフェイス
を返さず、低く長く
出すイメージで

ような動きをしないこと。低く長く出すイメージで振り抜くことだ。

このときフェイスを返さないようにすると、ボールにスピンがかかって、下り傾斜でもあまりランがでない。

フェイスを返してしまうと、スピンがかからないだけでなく、クラブのロフトが減ってボールがなおのこと上がらなくなる。結果は、ピンを大オーバーしてしまうことが多いから要注意。

左足下がりのライからは、オープンに構えるのがふつうだが、極端な左足下がりでは、バックスイングで右膝が邪魔になることもある。そんなときは右足を引いて構えるしかない。それでも、この項で解説したようなスイングをすれば、スライス気味の球筋になる。

つま先上がりでは右を向いて、フックで寄せる

つま先上がりのライでは、どうしても横振りになるためフックが出やすいことはご存じのとおり。これは、アプローチでも同じだ。いや、アプローチではSWのようなロフトの大きなクラブを使うから、なおのことヘッドが返って、フックしやす

くなる。

そのためフック(極端な場合は引っかけ)を嫌って、ボールをカットに打とうとする人がいるが、これはかなり危険。ボールをカットに打とうとすると、どうしてもクラブを高い位置から振り下ろす動きになり、ダフりやすくなるからだ。また、カットに打とうとすると、クラブをインサイドに振り抜くことになり、ボールがつかまったときに、さらにフックしてしまうこともある。

つま先上がりのライでは、無理にボールをカットしようとせず、傾斜による素直な球筋、つまりこの場合ならフックでカップに寄せることを考えよう。

打ち方は、まずクラブを短く持つ。これは、つま先上がりの分だけボールが身体(目)に近いところにあるのだから当然。で、フックが出ることを想定して、目標よりやや右に向いてスタンスを取る。そして、ダフりにくいようボールを右足寄りに置いたら、傾斜に逆らわないようスタンスの向きに沿ってクラブを上げて下ろす。スタンスは目標の右を向いているから、スイング軌道のイメージは、インサイドアウトになる。

つま先上がりのライでは、ふつうに構えると踵《かかと》体重になるが、膝を曲げると重心が身体の中心に移動して、バランスがよくなる。ただし、つま先寄りに体重をかけ

つま先上がりの斜面からの打ち方

傾斜に逆らわずに打つとフックボールが出るので、それを想定し、やや右に向いてスタンスをとる

ムリにカット打ちせず、傾斜に沿ってクラブを振る

すぎると、カット打ちになりやすいので要注意。体重は少しだけ踵にかけたら、スイング中は体重移動しないように。

つま先下がりでは膝の角度をキープする

つま先下がりでは、つま先上がりとは反対に、クラブのフェイスが開きやすいため、スライスが出やすい。しかし、すでにおわかりのように、つま先下がりでも傾斜や傾斜による自然な球筋には逆らわないこと。つまり、この場合は、目標の左を向いて、カット気味のボールを打つことでカップに寄せていこう。

つま先下がりの場合は、身体が回りにくいため、とくに構え方が重要になる。まず、ボールと身体（目）の距離が遠くなるので、いつもより膝を深く曲げて、お尻を後ろに突き出すような姿勢を取る。スタンスの向きはオープン。スタンス幅は、身体が回りやすいよう狭めに。体重はつま先に乗せ、できるだけ平らのライのときのイメージに近づけること。

また、手とクラブの間隔が空きすぎると、ヘッドのトゥ側が下がるため、ボールがますます右に出やすくなる。膝を曲げて、ハンドダウン（手の位置を低く）気味

つま先下がりの斜面からの打ち方

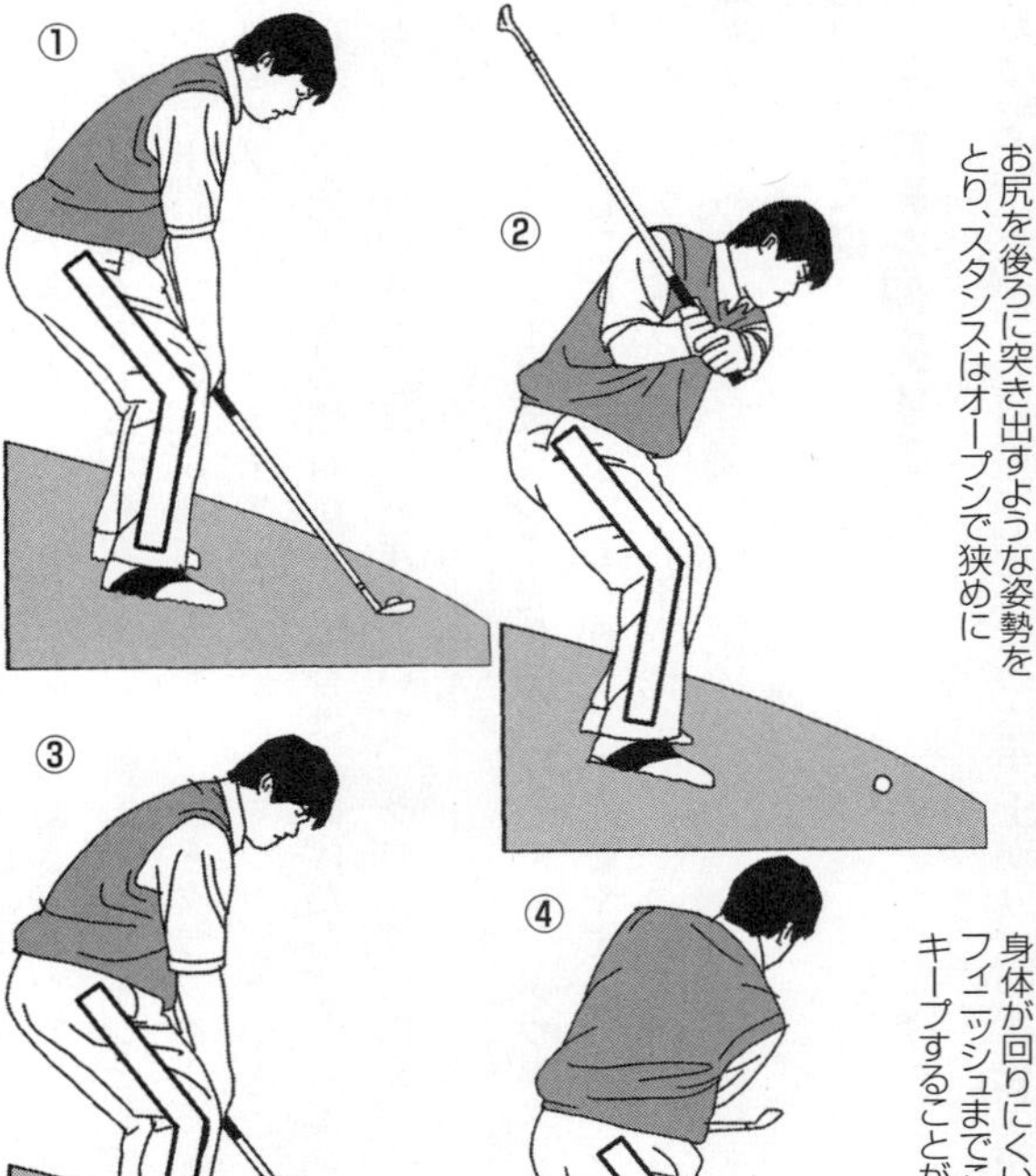
身体が回りにくいので、フィニッシュまでこの構えをキープすることが大切

に構えれば、フェイスの向きにも狂いがなくなる。

以上の構えができたら、あとはスタンスの向きに沿ってクラブを振るだけ。オープンスタンスに構えているから、スイング軌道のイメージとしては、アウトサイドインのカット打ちでいい。反対にインサイドからクラブを下ろしてくると、ボールの手前をダフったり、フェイスが開きすぎて、シャンクすることもある。

ただ、つま先下がりの傾斜が強い場合は、曲げた右膝がスイングの邪魔になるときもある。そういうときは、右足を引いて、クローズに構え、フックのイメージで寄せる。

つま先上がりのライでは、つま先体重になるため、ダウンスイングのときに上体が前に突っ込むなど、どうしてもバランスを崩しやすい。スイング中は重心と軸をキープするよう我慢のこと。下半身はどっしりと。身体を使いすぎないことが成功の秘訣だ。

複合ライでは左右の傾斜を優先する

これまで左足上がり、左足下がり、つま先上がり、つま先下がりの4種類の傾斜からのアプローチについて述べてきたが、実際のコースでは、「左足下がりのつま先上がり」のような、2種類の傾斜が混合しているライから打たなければならないことも多い。

基本的には、どんなに複雑な傾斜でも、傾斜に逆らわずに構え、傾斜に沿ってクラブを振ればいい。そして、素振りをして、そのときクラブヘッドがどの方向に動こうとするか（ボールがどこに飛ぶか）を見極めれば、自然に目標の取り方も決まってくる。

ただ、それだけではどう構えていいかわからない人もいそうだから、基本的な構えの見つけ方を解説しておこう。

まず複合ライでは、左足が上がっているか下がっているか、左右の傾斜で基本的な構えが決まる。斜面に沿って肩が平行になるように構える。すると自動的に右足体重になるか、左足体重になるかが決まる。その上で、つま先の傾斜に対応した構えや打ち方を加味するわけだ。

したがって、たとえば「左足下がりのつま先上がり」のようなライなら、まずは左足下がりに対応した構えをつくり、その上で、つま先上がりに対応できるよう構えや打ち方を微調整する。

具体的には、まず左足体重（やや踵《かかと》寄り）にして、肩が斜面と平行になるように構える。ボールの位置は、ダフりにくいよう右足のつま先より少し右だ。ただ、つま先上がりでボールが身体の近くにあるから、その分だけクラブを短く持つ。

つま先上がりでは、ピンの右に目標を設定したが、左足下がりのライではボールは右にでやすいから、この場合はそれほど右を向かなくてもいい。

スイングは、左足下がりの打ち方と同じ。クラブフェイスを少し開いたら、左足に体重を乗せたままクラブを傾斜に沿って真っ直ぐ上げ、ソールを滑らすようなイメージで振り下ろせばいい。

もうひとつ、今度は「左足上がりのつま先下がり」のライの場合だ。まず、左足上がりに対応できるよう、右足体重（ややつま先寄り）にして肩を斜面と平行にする。この場合はつま先下がりが入っているから、オープンに構えるのがポイント。そうすることで、つま先下がりの度合が薄れ、左足上がりに近いスイングができる。

このように複合ライでは、構え方ひとつで、つま先の傾斜が相殺されることが多い。こうしたことは練習場ではなかなか経験できないもの。コースに行ったときは、実際に打たなくてもいい。いろんな傾斜から素振りをして、そのことを実感していただきたい。

5章

怖がってはいけない——バンカーから攻める驚きの極意

ミスの最大要因は、砂への恐怖心

ピンに向かって飛び出したはずのボールが失速。グリーン手前のバンカーに入りそうになると、私たちは思わず、「伸びろ!」と叫ぶ。あるいは、ダフってショートしたボールが、下り傾斜を転がってグリーン手前のバンカーに入りそうになると、「止まれ!」と叫んだり。

どうせグリーンに乗らないのなら、ボールよ、せめてバンカーには入らないでくれ! というわけなのだろう——と他人事のようにいってしまったが、それくらい私たちは、ボールがバンカーに入ることがイヤなのである。

その理由は、ひとつしかない。私たちは、バンカーショットが苦手。もう少し正確にいうなら、バンカーショットの成功率がグリーン周りからのアプローチの成功率より低いことを知っているのだ。

じつは、これはプロゴルファーも同じ。プロにとっても、バンカーショットはほかのアプローチよりむずかしいのだ。

2008年のサンドセーブ率(グリーンサイドのバンカーに入ってから2打かそれ以

下の打数でカップインする確率）を見てみると、トップは藤田寛之の61・95％。前に紹介したリカバリー率のトップ・片山晋呉の72・71％とくらべると、10％も低くなっている。

平均という意味で50位の選手同士をくらべても、サンドセーブ率50位は45・1％、リカバリー率50位は58・18％と、やはり10％以上の差がある。リカバリー率にはバンカーショットも含まれているから、もし、リカバリー率にバンカーショットを含まないとすれば、リカバリー率の数字はもっとよくなることはあきらか。ふつうのアプローチとバンカーショットの難易度の差が、もっとはっきりするはずである。

プロにとって難度の高い技が、アマチュアにとっては超難度の高い技になるのは当然で、私たちがバンカーを嫌うのもあたりまえなのだ。

まあ、これまでのゴルフ人生で、バンカーからの脱出に2打も3打も費やすハメになったという経験は、誰にでもあるはずだ。

ビギナーを卒業して、「出すだけ」ならなんとかなりそうにはなっても、ある日突然、「バンカー脱出に2打以上要する日」というのはやってくる。そして、それが再び〝バンカー恐怖症〟を呼び起こす。

冷静に考えれば、ラフからのアプローチだって、これまで何度もザックリをやってきているというのに、「バンカーショットはうまくいかない」と思い込んでしまうのは、同じバンカーから何度も打たされたという屈辱の過去が、しばしば現実のものとして再現されるからなのだろう。

かくして、くり返されるバンカーショットの失敗は、やがてゴルファーにとってトラウマとなり、それが〝新たな失敗〟の呼び水になる。まさに〝悪魔のスパイラル〟というしかない。

では、この悪循環を断ち切るためにはどうすればいいか?

苦手意識を克服するためには成功体験を積んで自信を持つしかないが、ここではまず「恐怖心をなくす」ということを声を大にしていっておきたい。

これはとくに非力な女性ゴルファーに多いのだが、バンカーショットが苦手なゴルファーは、そもそも「砂の上からボールを打つ」ということが怖いのだ。「フワフワの芝の上ならともかく、ザラザラの砂に向かって打つなんて、そんな乱暴なことはわたしにはできない」というわけである。

しかし、これはとんでもない勘違いというものだ。相手はコンクリートでもなければ、硬く締まった土でもない。そりゃあフェアウエイの芝の上よりは抵抗はあるだろうが、バンカーの砂は、濡れたラフなどより、よほど抵抗は少ないのだ。だから、クラブが振れる力のある人、つまりふつうにゴルフができる人なら、バンカーショットは誰でもちゃんと打てる。バンカーショットを得意としているプロゴルファーのなかには、グリーンが狙えそうもないとき、ラフに入れるよりはマシと、わざとバンカーを狙う人もいるほどなのだから。

ところが、砂の上から打つことを怖がっているゴルファーは、スイングに躊躇《ちゅうちょ》があるから、どうしてもインパクトのところでスイングが減速してしまう。クラブヘッドがインパクトの前に減速してしまえば、そりゃあボールがバンカーから出ないのも当然である。

すでに述べたように、ゴルフのあらゆるショットは、加速しながらインパクトを迎えなければならない。バンカーショットもしかり。バンカーショットは、しっかり振り切って、ヘッドを加速させること。これが、バンカーからの脱出の第一歩なのだ。

よく「バンカーショットは勇気を持って」という。たしかにバンカーショットに恐怖を感じているゴルファーに〝勇気〟は必要かもしれないが、〝勇気〟を過剰に意識すると、今度は力が入りすぎたりする。

バンカーショットは特別なショットではない——バンカー恐怖症のゴルファーは、まずはそう思い込むことから始めてみてはいかがだろう。

「砂を〝爆発〟させて打つ」という誤解

バンカーショットを苦手としているゴルファーには、じつはもうひとつ誤解していることがある。

それは、「バンカーからボールを出すためには、砂を〝爆発〟させなければならない」という誤解である。

砂の「爆発」、すなわち「エクスプロージョン」という言葉をゴルファーなら誰でも聞いたことがあるだろう。

いわく「バンカーからボールを出すためには、ボールの下の砂にSWのクラブヘッドを入れること。SWのヘッドにはバウンスという膨《ふく》らみがあり、それが砂を爆発させてくれる。そして、その砂の爆発の勢いで、ボールが出る。つまり、バンカーショットでは、ボールではなく砂を打つのだよ」

そんな解説をレッスン番組や上級者から聞かされた人も多いはずだ。

たしかにそれはそのとおりなのだが、問題は「エクスプロージョン（爆発）」という言葉のイメージにある。

爆発？　なんだか、とてつもない力がいりそう——。そう思い込んでしまったゴルファーは、以後、バンカーのなかにあるボールに対して親の仇《かたき》に出会ったときのように、渾身《こんしん》の力でドスンとやるようになる。

たしかに、目玉やアゴに近いボールなど、フルスイングに近い形で砂を爆発させなければならないときはあるけれど、ふつうのバンカーショットでは、意識して砂を爆発させる必要はない。むしろ、イメージとしては「砂を薄く削り取る」という感じでいいのだ。

渾身の力でドスンとやるゴルファーがいけないのは、その「ドスン」で終わってしまうことが圧倒的に多いからだ。つまり、ヘッドを砂に思い切り突き刺して終わり、なのである。これではヘッドが抜けないから、砂もボールも舞い上がらない。まあ、それでもときには必要以上の砂煙を上げながらボールが出てくれるから、そのとき彼は「ドスンでいいのだ」と思ってしまう。

ゴルフが怖いのは、間違ったスイングでも何回かに一回は成功することがあるため、なかなかその間違いに気づかないということ。「ドスン」だけでバンカーから脱

バンカーショットは、クラブをドスンと
振り下ろすのではなく、スパッと砂を
削り取るイメージが大切

出するためには、相当の力が必要になるから、「ドスン派」のゴルファーは、その成功体験のあと、ますます力を込めて「ドスン」とやるようになる。そして、いよいよバンカーからボールは出なくなる。まさに「砂地獄への突入」というわけである。

今度、トーナメント中継を見る機会があれば、ラティーフ・グーセンや藤田寛之などバンカーショットの名手のスイングをよ〜く観察してほしい。彼らのバンカーショットは、ふつうのピッチショットとほとんど変わらない。特別な力はどこにも入っていない。身体の回転とともに、しっかりフィニッシュを取っている。

ふつうのピッチショットと違うのは「あえてダフらせている」――それだけのことなのだ。

バンカーショットの成否はテンポで決まる

バンカーショットが苦手なゴルファーには、バンカーショットとなると、突然、スイングが速くなるゴルファーが多い。

砂を爆発させるためには力が必要だと誤解していれば、どうしても力が入ってスイングが速くなる。あるいは、意図的にダフらせようとしてタイミングが速くなる。

さらに、苦手なショットほど「早く結果を出したい」という意識が働いて、スイングが速くなるということもある。

理由はなんであれ、ゴルフではスイングが速くなっていいことはひとつもない。とくにバンカーショットでは、スイングが速くなると大ダフリやホームランなど、大きなミスに直結しやすい。

バンカーショットは、とくにスイングのテンポを大切にすることだ。スッと上げて、スッと振り下ろす――バックスイングとダウンスイングのテンポを変えないで、クラブを振り切る。後述するように、距離やボールの高さをコントロールするためには細かな技術が必要になるけれど、テンポを一定にするだけで、バンカーは一発で脱出できる。

プロゴルファーのバンカーショットを手本にするのなら、まずは彼らのテンポを真似してみよう。

実際のラウンドでバンカーショットを打つときは、頭のなかで名手たちのスイングのテンポをイメージすること。その名手を自分に置き換えれば、少なくともバンカーからは一発で脱出できることを保証します！

バンカーショットもスクエアに打つのが基本

バンカーショットは、オープンに構えたら、SWのフェイスを開き、ボールの5センチほど手前をスタンスの向きに沿って（カット軌道で）打つ――。多くのゴルファーは、このバンカーショットのセオリーをよ～くご存じのはずである。

では、このセオリーを実践しているゴルファーにおたずねしたい。

あなたは、どれくらいオープンに構え、どれくらいSWのフェイスを開くと、どんなボールが出るか？　ということを知っていますか？

プロや上級者なら、長年の経験で、構え方だけでたちどころに飛距離や高さ、スピン量などがイメージできるはずだが、アベレージゴルファーの多くは、ただボールを上げるために、「なんとなくオープンに構え、適当にフェイスを開いている」だけの人が多いのではないか。

しかし、そういうゴルファーのバンカーショットは、「出ただけ」に終わることが圧倒的に多いはずだ。理由は、オープンに構えすぎたり、フェイスを開きすぎたりしているから、である。

最初に紹介したバンカーショットのセオリーは、たしかにそのとおりだ。しかし、これは、バンカーのアゴが高い、カップまでの距離が短いなど、あくまで〝応用編〟だと考えたほうがいい。

では、バンカーショットの〝基本編〟は何かといえば、スタンスもフェイスもスクエアというもの。それでも、ちゃんとボールは上がり、バンカーから出てくれる。それも当然の話で、SWはロフトが60度近くもあるクラブ。打てばボールは自然に上がるようにつくられているのだ。

バンカーショットの練習をする機会があれば、ぜひともスタンスもフェイスもスクエアにして打ってみてほしい。そして、そのときのボールの高さや飛距離をよ～く頭に入れておいていただきたい。

そうすると、実際のラウンドでも、スクエアな打ち方でいけてしまう場合があることにあなたは気づくはずだ。つまり、「オープンに構えて、フェイスを開いて、カットで打つ」なんてわざわざむずかしい打ち方をして、ミスを呼び込む必要がないということがわかるのである。

もちろん実際のバンカーショットでは、オープンスタンスに構えたほうがいい場合が多い。なぜなら、ガードバンカーからのショットは、たいていキャリーが5～

20ヤードくらいの短いものが圧倒的に多いからだ。オープンスタンスなら、身体が回りやすく、クラブも振り抜きやすい。さらにクラブのフェイスを開けば、クラブは砂に突き刺さることもなく、思い切って振り抜ける。しかも、距離はでないのだから、ふつうのガードバンカーにはぴったりの打ち方なのだ。

ただ、そのことを確認する意味でも、スクエアな打ち方を試してみる価値は絶対にある。

クラブを入れる場所は〝適当〟でいい

バンカーショットは、すでに述べたように「あえてダフらせる」ショットだ。「あえてダフらせる」というと、ひじょうに高度な技のように思われるかもしれないが、そうではない。バンカーのなかにあるボールは、クリーンに打って寄せるほうがずっとむずかしい。砂の上にあるボールをクリーンに打っては、バンカーのアゴを越すことも距離をコントロールすることもひじょうにむずかしいものだ。

バンカーショットは、ダフらせたほうが簡単——その事実を発見したのは、１９３４年にプロゴルファーとして初めてグランドスラムをなし遂げたジーン・サラゼンだった。

バンカーショットが苦手だった彼は、飛行機の翼《つばさ》の膨《ふく》らみをヒントに、ヘッドのソールの部分を膨らませた（バウンスをつけた）特殊なウェッジをウィルソンというクラブメーカーと共同で開発した。このウェッジはバウンスがあることで砂の抵抗に負けず、なおかつ砂を爆発させることができた。つまり、このウェッジを、ボールではなく、ボールの下の砂に入れてやれば、砂が爆発してボールをフワリと上げられる。すなわち、バンカーにあるボールは、このウェッジでわざとダフらせれば簡単に出るということをサラゼンは発見したのだ。かくして、このバウンスのついたウェッジは、のちにSWと呼ばれるようになり、世界中のバンカーが苦手なゴルファーを砂地獄から救うことになった——。

あまりにも有名なエピソードだから、ご存じの人も多かったはずだが、さて——。

バンカーショットは「あえてダフらせる」ショットだというと、「そうはいっても、闇雲《やみくも》にダフらせればいいというものではないだろう。たとえばボールの手前5センチにクラブを入れようとすれば、クリーンに打つときと同じような正確性が要求されるはずだ」という反論が返ってきそうだ。

しかし、結論からいうと、そのあたりはアバウトでいいのである。それが証拠に、

「バンカーショットではボールの手前の何センチあたりを打つべきか?」という問いに対するプロゴルファーやレッスン書の答えはてんでんばらばら。ボール1個分(3センチくらい)から、5センチ、なかには10センチ(LWを使った場合)という答えもある。

逆にいえば、それくらいアバウトでも、ボールはちゃんとバンカーから出てくれるということだ。どれだけキャリーさせるかは、ダフる度合(取る砂の量)だけでなく、後述するようにボールの位置やセットアップの仕方でも決められるから、そのあたりを総合してプロはバンカーショットをしている。ボールの何センチ後ろでなければボールは出ないなんて、誰もいえないのである。

バンカーショットではボールを見ないのがコツ

バンカーショットを〝適当にダフらせる〟ためには、ひとつだけコツがある。

それは、バンカーショットでは「ボールを見ない」ということである。見るのは、ボールの手前、これからヘッドを入れようとする地点と、どこにヘッドを抜くかというボールの先だ。

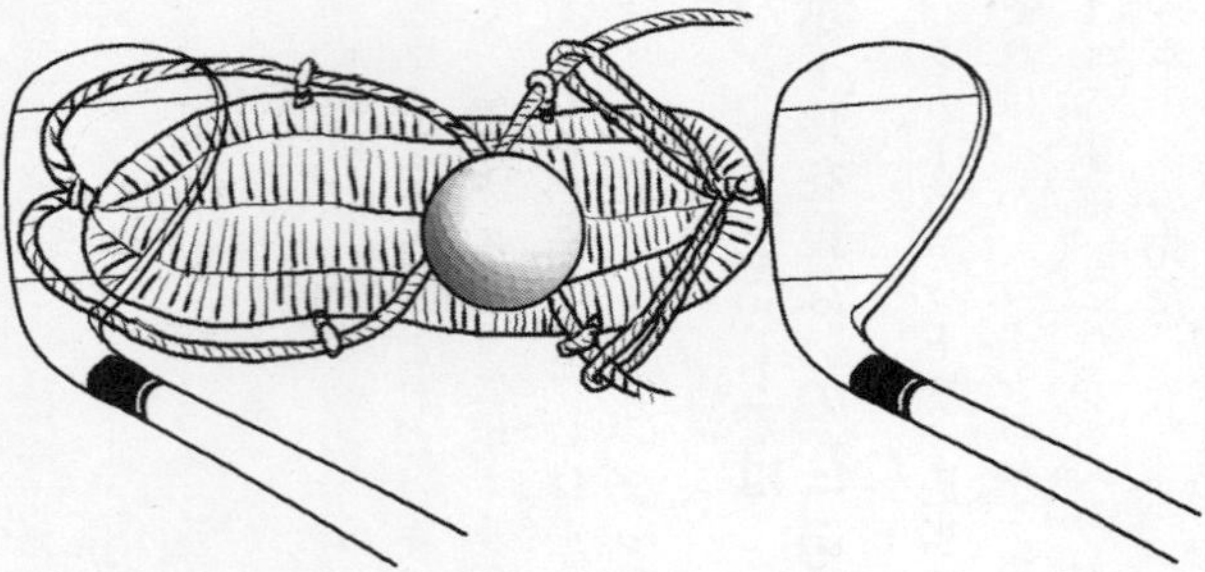

ボールの下からワラジ大の
砂を削り取るイメージ

人間は、ボールを見ながらクラブを振ると、本能的にクラブをボールに当てようとしてしまう。ビギナーは、ボールを見ながらでも空振りしたり、ダフったりするけれど、それはまあ論外。アベレージクラスになれば、〝最後に見た場所〟にヘッドが下りてくるはずで、そうであれば、バンカーショットではボールを見てはいけないことがおわかりだろう。

ボールを見ながら、ボールの手前を打つということは、本来ひじょうに難度が高い技だ。バスケットボールやサッカーでいう、〝ノールック・パス（パスする相手を見ないで、その相手にパスすること）〟のようなもので、ゴルフでわざわざそんなむずかしいことをする必要はない。

それに、ボールを見ながらボールの手前を打つ、なんて器用なことをやり続けていると、ふつうのショットまでダフるようになりかねない。

プロゴルファーは、どんなショットも「どうヘッドを入れて、どうヘッドを抜くか」ということをイメージしている。つまり、このとき彼らは、ボールではなく、ヘッドの入れ場所と抜き場所を見ているわけで、それはバンカーショットも同じなのである。

具体的には、ボールの手前5センチあたりにヘッドを入れ、ボールの先10センチあたりからヘッドを抜くことを想像する。バンカーショットは、よくワラジ大の大きさの砂とか、1ドル紙幣の大きさの砂を削り取るといわれるが、ボールの前後にそれらを想定。打つときは、その〝入口〟だけを見ていればいいのだ。

バンカーショットはこのセットアップで決まる

さて、これまで述べてきたことをあなたが実行できれば、ごくごくふつうのバンカー（アゴも高くなく、ライも良好というバンカー）なら、簡単に脱出できるはずだ。しかし、現実には、アゴの高いバンカーもあれば、ライの悪いバンカーもある。さらに、どうせなら「出すだけ」ではなく、ピンに寄せたいと思うのが人情というものだろう。

それには、目的に応じて、スイングやボールの置き場所などを少し変える必要がある。というわけで、ここからはバンカーショットでボールを自在にコントロールするための技術的な各論を紹介していくが、まずは基本的なセットアップの方法から紹介しておく。

すでに述べたように、アベレージゴルファーには、「なんとなくオープンに構えて、なんとなくフェイスを開いているだけ」の人が圧倒的に多い。そして、さらにはハンドファーストに構えていたり、ボールの位置を右に置きすぎていたりなど、セットアップの段階でいろんな勘違いをしている人も少なくない。ボールを打つ前の段階でわざわざミスショットしか出ないような構えになっているのだから、これではミスが出ないほうが不思議なほどだ。

ショットの成否の8割方は、セットアップで決まるといわれるが、バンカーショットはほぼ100％決まるといってもいい。ボールの位置、スタンスの幅と向き、フェイスの開き具合、体重のかけ方などが決まれば、自動的にスイング軌道が決まるからだ。つまり、その構えに逆らわない〝自然なスイング〟をすれば、かならずゴルファーがイメージしたとおりのショットができるはずなのだ。
では、どんな構えをすると、どんなボールが出るのか？　以下はその公式である。

	高い・キャリー少・ラン少	低い・キャリー多・ラン多
・スタンス幅	広い	ふつう
・スタンスの向き	オープン度大	オープン度小
・重心	低い	やや低い
・体重	右足寄り	左足寄り
・フェイスの向き	オープン度大	オープン度小
・ボールの位置	左足寄り	右足寄り

たとえば、ボールはバンカーの高いアゴの近くにあり、しかもバンカーの淵からカップまで近いというとき、つまり高くてキャリーもランも少ないボールを打ちたいときは、「スタンス幅を広く取って、極端にオープンに構えたら、重心を低くして（腰を落として）、体重を右足寄りにかけ、左足寄りに置いたボールを、フェイスを開いて打つ」ということになる。

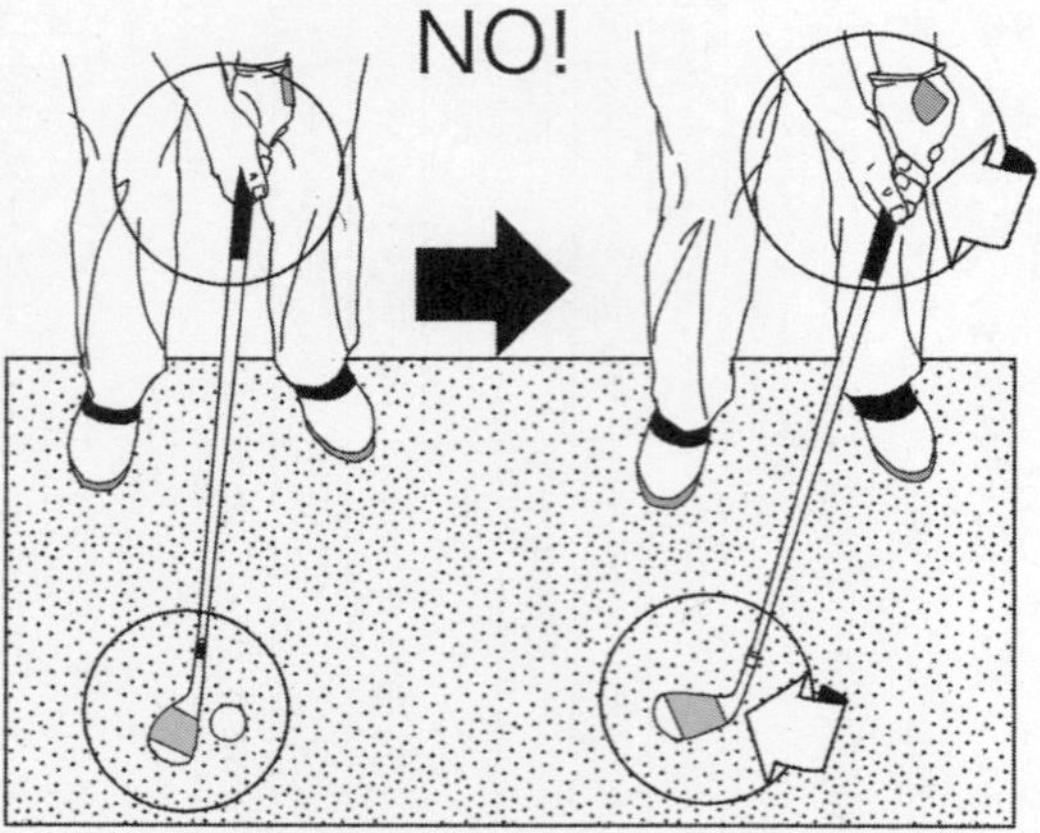

クラブを握ってから手首をこねて
フェイスを開くのは間違い

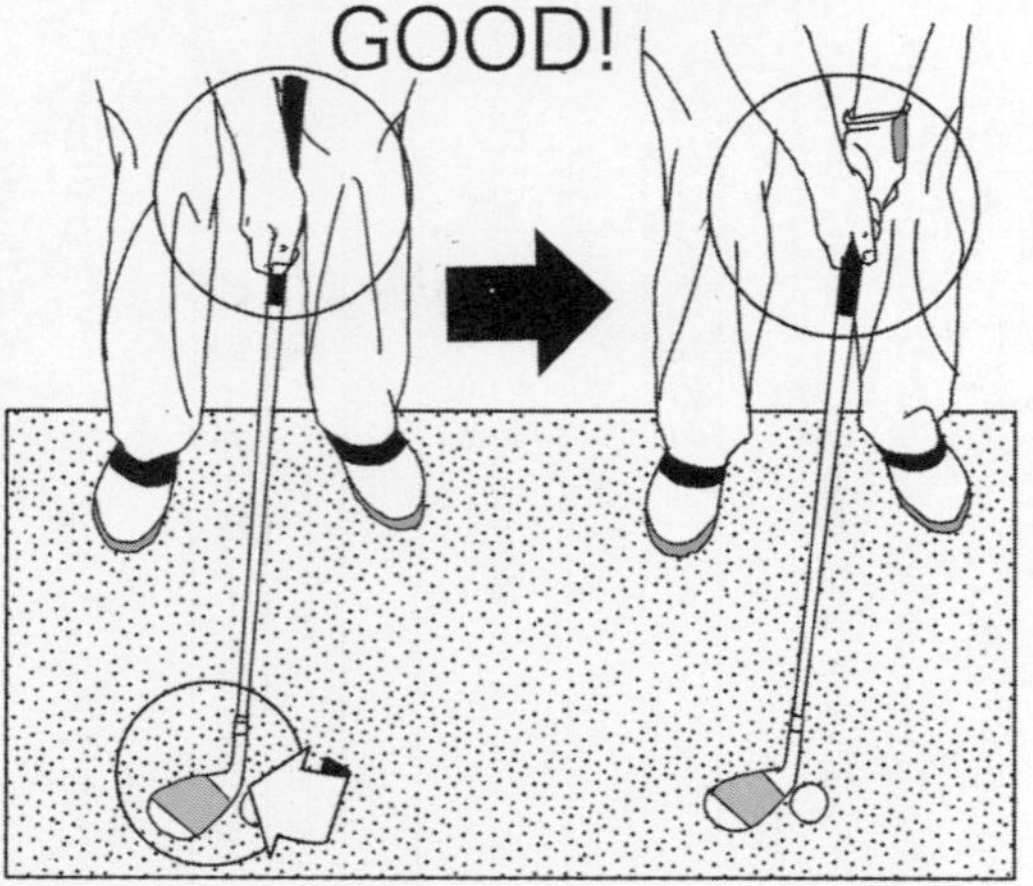

クラブのフェイスを開いた状態にしてから握るのが正解

バンカーでの正しいセットアップ

グリップの位置はボールより
やや右(ハンドレイト)に
スタンスはオープンでも、
肩と腰の向きはボールを
飛ばしたい方向に平行に

実際は、ここまで徹底してやることは稀《まれ》だろうが、ともかく「高くて飛ばない球」が出るセットアップの方法を覚えておけば、あとはそれらの方法をいくつか組み合わせたり、その程度を加減したりすることで、しだいに自分のイメージするボールが出るようになる。

また、セットアップによってボールのキャリーや高さがコントロールできるようになると、どんなバンカーショットでもスイングの大きさ自体はあまり変えなくてもいいことがわかってくる。プロゴルファーは、20ヤード以内のバンカーショットは、ほとんどスリー・クォーターのスイングで済ませている。これは、彼らが、クラブの振り幅より、フェイスの開き具合やオープンスタンスの度合によって距離をコントロールしているからだ。

スイングの大きさがあまり変わらなければ、いつも同じリズムでバンカーショットができる。プロのバンカーショットがピンに寄るのは、そんな理由も大きいのである。

この項の最後に、バンカーショットのセットアップについて、いくつかのポイントを補足しておこう。

まず、スタンスはオープンではあっても、肩と腰の向きはスクエア、つまり飛球線方向と平行でなければならない。バンカーショットに限らず、どんなショットもボールは肩の向きと同じ方向に飛ぶからだ。

もうひとつ、クラブを構えるときは、グリップの位置がボールよりわずかに右になるようにする（ハンドレイト）。ふつうのアプローチのときのようにハンドファーストに構えると、インパクトでヘッドが砂に刺さって抜けにくくなる。

最後は、クラブフェイスの開き方。クラブを開くというと、ふつうにクラブを握ってから、そのまま手首をひねる人がいるが、これは×。クラブのフェイスを開いた状態にしてから、ふつうに握るのが○である。

バンカーショットでも身体を回すのが基本

ここからはセットアップ以降、つまり実際のスイングについてのポイントを紹介していこう。

まえに、セットアップが決まれば、自動的にスイング軌道も決まるという話をした。バンカーショットの場合はオープンスタンスに構えるのがふつうだから、当然、その構えに沿ったスイング軌道は、飛球線に対してアウトサイドインになる。それ

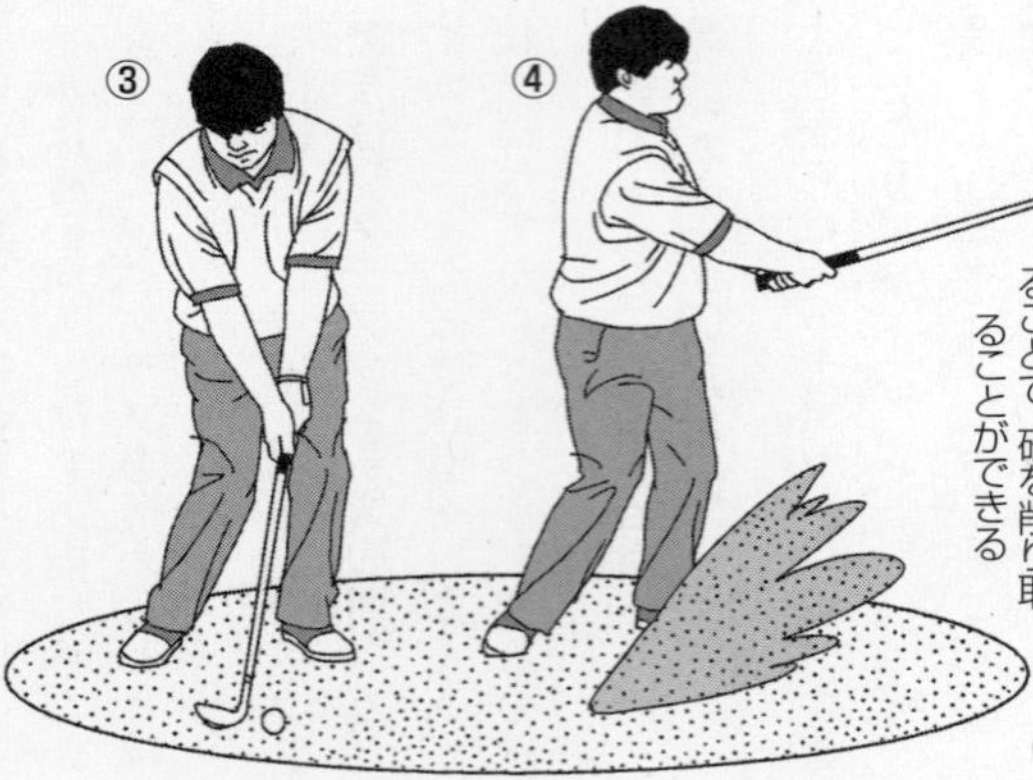

フィニッシュでは身体が目標に向くようにターンすることで、砂を削り取ることができる

でもボールが目標に向かって飛び出すのは、フェイスを開いている、つまりフェイスが右を向いているからだ。

スイングのポイントは、いかに砂を削り取るか。それには、開いたSWのフェイスをヒールから先に砂に入れていくイメージを持つといい。

ヒールから先に入ったフェイスは、砂に潜りながらネックを中心に返り、トゥ側が先に砂から出ていく——そんなイメージだ。

べつな言い方をすれば、フェイスを返すということだが、ただし、意識して手首を返すのではない。あくまで身体の回転でフェイスが返るのだ。

ここはとても重要なところで、多くのゴルファーは、下半身を止めたまま、腕の力

バンカーでも身体を回す

SWのフェイスを開いて、ヒールから砂に入れ、トゥ側から先に砂から出て行くようなイメージで

だけで砂を爆発させようとしているが、それではクラブが砂に突き刺さるだけ。フィニッシュで身体が目標方向に向くよう身体をターンさせることで初めて、ヘッドは滑る、つまり砂を削り取ることができるのである。

また、バンカーショットというと、どうしてもボールをすくい上げようとして、右肩が落ちてしまうゴルファーも多いが、これでは大ダフリになる。身体でボールを上げようなんて考えなくても、ちゃんとボールが上がる構えをしているのだからそれを信じることだ。

身体はあくまでレベルに回すこと！　これ、バンカーショットに限らず、すべてのショットに共通する基本中の基本である。

アゴの高いバンカーはコックを早めにする

アゴの高いバンカーや、ピンが近いときには、ボールを高く上げる必要がある。基本的には、スタンス、フェイスともかなりオープンにして、やや右足体重で打つ（軸がやや右に傾く）ということになるが、もうひとつべつのテクニックを紹介しておこう。

それは、コック（テイクバックで手首を親指側に折る）を早めにするということ。こうすると、ヘッドが高い位置になり、鋭角的にクラブが下りてくるためボールが上がりやすくなる。

ただし、スイング中は、つねにフェイスを開いておかないと、ヘッドが砂に突き刺さってしまうから要注意。フェイスがつねに開いていれば、テイクバックでもフォローでもクラブのフェイスが自分の顔のほうを向いているはず。練習や素振りでそのことを確認してほしい。

また、高いボールを打とうとすると、インパクトで左膝が伸びてしまうゴルファーが多いが、これではトップしやすくなる。左膝の角度は、最後までキープするこ

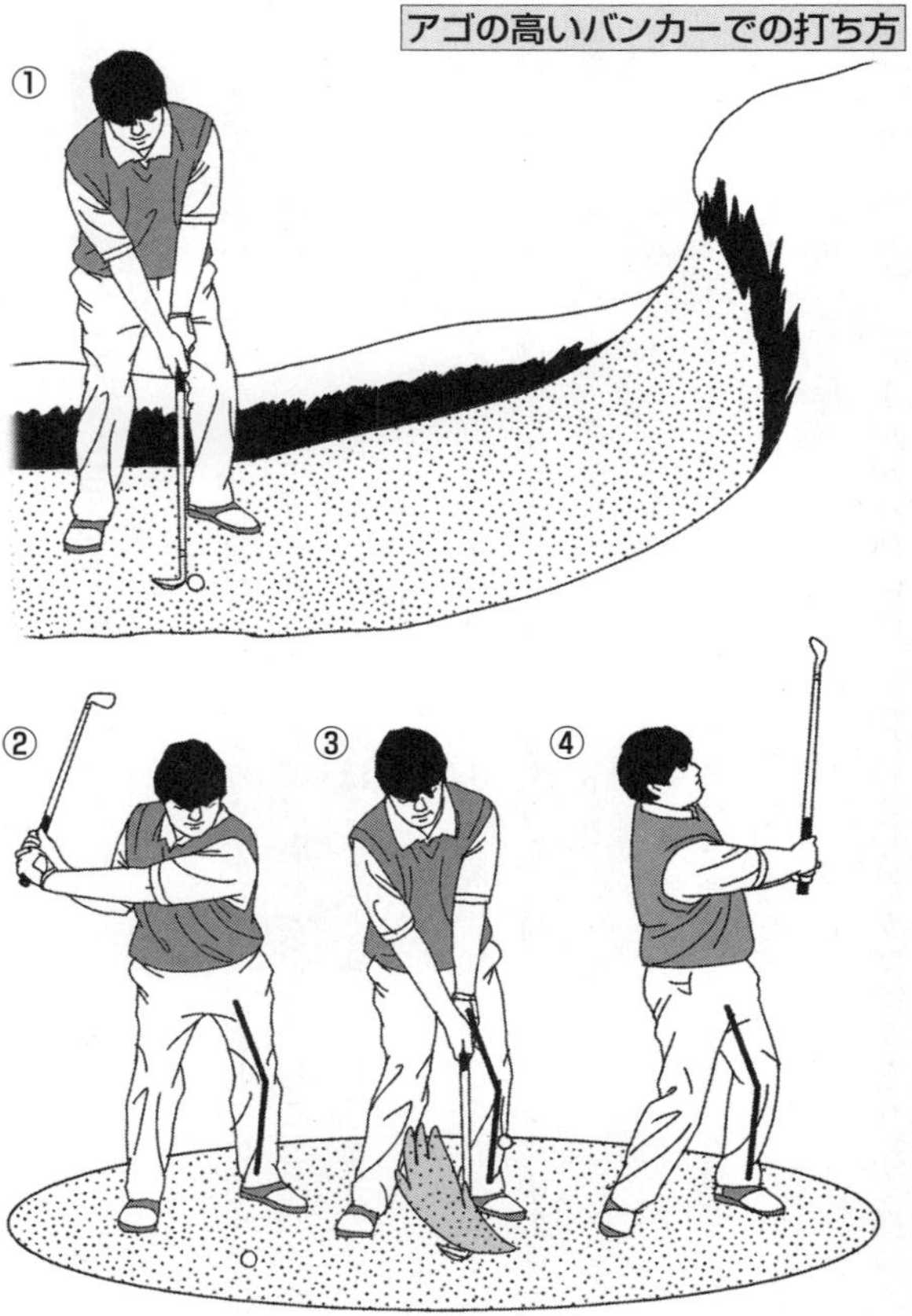

コックを早めにし、高い位置から鋭角的にクラブを下ろす。
左膝の角度は絶対にキープ

とを忘れずに！

傾斜からのバンカーショットはバランスが肝心

ただですらバンカーのなかは足場が不安定なものだが、傾斜している場合はなおさら。まずはしっかりスパイクを砂に埋めて、足場を安定させることだ。その際、たとえばつま先上がりなら、踵《かかと》よりつま先のほうを深く砂に潜り込ませると、少しは平らなライに近くなり、バランスが崩れにくくなる。

あとは、傾斜からのアプローチ同様（134ページ参照）、傾斜に逆らわないようにスイングする。クラブは、足場が低くなった分だけ短く持つ。スイング中の体重移動も禁物である。以下は、傾斜別のワンポイントアドバイスだ。

・つま先下がり……この場合だけは、ボールが遠くなるのでふつうの握り方でいい。傾斜のなかでもっともバランスを崩しやすいので、腰を落としてガニ股気味に構える。つま先体重のまま振り抜く。

・つま先上がり……ボールが身体に近くなるので、クラブはかなり短く持つ。膝を深く曲げて、クラブのリーディングエッジが砂面と平行になるようにセットし、踵体重のままスイングする。ボールが近いので、手首が伸びるとダフる。

・左足上がり……傾斜なりに、右足体重で構える。この傾斜はアゴに近い場合が多いが、左足上がりだから自然にボールは上がる。ボールをすくい上げようとすると、右肩が下がってダフるから要注意。

・左足下がり……ボールが上がりにくいので、難易度が高い。スタンスを広めにとったら、重心を下げて、左足体重で構える。スタンス、フェイスともにかなりオープンにし、早めにコックを入れて振り抜く。左サイドが低いため、左膝が伸びるとトップしやすい。ランがでやすいことも計算に入れて。

湿って硬い砂や砂の少ないバンカーショットはPWで

雨が降ったあとのバンカーや砂の少ないバンカーでは、しばしばトップやホームランなどのミスが出る。

雨が降ったあとのバンカーは、砂が湿って硬くなっているし、砂の少ないバンカーは、砂の下がすぐに硬い地面になっているため、ふつうのバンカーショットのようにSWのフェイスを開いて、ソールから入れようとすると、バウンスが弾かれてしまうのだ。

こんなとき、いちばん簡単なのは、バウンスの少ないPWや9番アイアンを使う方法。これらのクラブならバウンスが少ないため、少しくらいフェイスを開いてもヘッドがはじかれることがない。ただし、SWほどボールは上がらないし、SWと同じ振り幅の場合、キャリーもランも出るから距離感だけは気をつけること。

もうひとつは、SWを早めにコックをしたら、コックをほどかずに身体の回転で打つ方法。身体の回転で打つと、クラブヘッドがはねることなく打ち込める。

体重は左足体重をキープ。右足→左足のような体重移動をすると、軸がブレたり、上体が突っ込んでしまいがち。すると、本能的に手元を緩めてしまうため、ちゃんと打ち込めなくなる。

フォローは小さく、低く。高いボールは打てないが、思った以上にスピンがかかるからボールは止まってくれる。

バンカーショットはバンカー内の砂質によって打ち方が変わってくる。しかし、打ち方以前に大切なのが、バンカーの砂質や砂の量を見極めること。〝見極める〟とはいっても、この場合に使うのは〝足の裏〟だ。バンカーに入ったら、足場をつくるときに、足の裏で砂質や砂の量を感じ取ることを忘れずに！

柔らかい砂のバンカーショットは〝大きく・薄く〟

前項とは逆に、柔らかい砂ではSWのバウンスを利用する。リーディングエッジからクラブを入れると、柔らかい砂にヘッドが潜り込んで、うまく抜けないからだ。オープンに構えて、フェイスを開いたら、砂を薄く長く削り取るようなつもりで、ふつうのバンカーショットより大きなスイングをする。スピンはかけづらいので、ランを多めに見ておこう。

体重はやや左足よりにして、スイング中の体重移動はしない。

ちなみに、最近のアメリカのゴルフ界では、バンカーショットであまりスピンをかけない打ち方をするプロが増えている。

理由は、マスターズが開催されるオーガスタのように、アメリカのコースには、粒子が細かく、フワフワした感じの砂のバンカーが多いからだ。こうした砂質のバンカーではスピンがかかりにくいため、フワッと上げて転がすバンカーショットにならざるをえないのである。

また、そういうバンカーショットのほうがランが出るため、結果としてチップインが狙いやすいということもある。だから、意図的にスピンをかけないプロも多い。日本のコースには、まだフワフワの砂のバンカーは少ないけれど、バンカーの砂を入れ換えたばかりのコースを回るときなど、この項で紹介した打ち方を思い出していただきたい。

〝目玉〟のバンカーショットは手打ちの薪割りスイングで

バンカーの砂が柔らかかったり、アゲインストの風で高く上がったボールが急降下してバンカー内に落ちたりすると、ご存じのように、ボールは〝目玉〟の状態になりやすい。

これはプロでもなかなかやっかいなショットだ。なぜなら、ボールが砂に潜り込んでいたり、あるいはボールの周囲にクレーターのような砂の堤防ができていたりするため、ボールの下にクラブヘッドを入れることがむずかしいからだ。ボールをクリーンに打つこともできず、かといってボールの下の砂をうまく爆発させることもむずかしい。

まあ力のあるゴルファーなら、いつものようにフェイスを開き、ボールを砂の堤防ごと運び出すようなつもりで打てばなんとかなりそうだが（バウンスの少ないクラブのほうがいい）、並の力のゴルファーにはちょっと危険。

フェイスを開いて打てるのは、クレーター状態ではあってもボールが埋まっていないような目玉のときだけだろう。その際は、ボールとクレーターの間にクラブを入れるのではなく、クレーターの外からクラブを入れ、クレーターごとボールを運ぶつもりで打つ。

ボールが砂に埋まっている目玉からのバンカーショットは、ボールを右足寄りに置き、SWのフェイスをかぶせて、ボールの後ろにSWのリーディングエッジをドンと入れる打ち方がいい。

フォローは取らない、というかクラブを鋭角的に入れているからフォローは取れない。左足体重のまま、ドンと入れて終わり。ほとんど手打ちである。非力な人は、SWのフェイスを自分のほうに向くくらいまでかぶせていい。

コツは、コックを入れて、できるだけ鋭角的にクラブヘッドをボールの後ろに入れてやること。クラブをアウトから、薪割《まきわ》りのように縦に入れてやるイメージだ。そうすることで、ヘッドはボールの下に届き、砂を爆発させることができる。

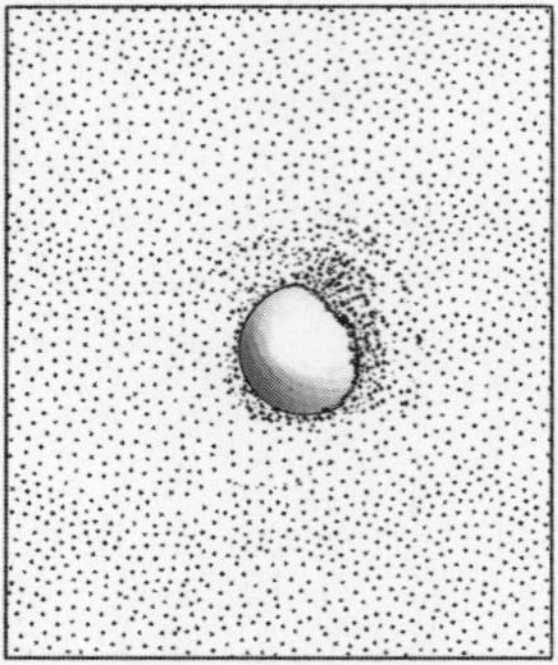

完全に埋没した状態

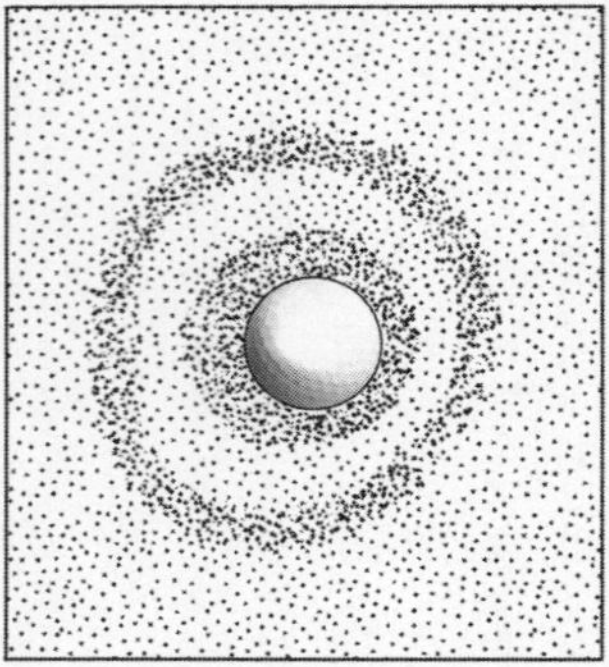

ボールが半目玉の状態

目玉のバンカーショット

①
SWのフェイスを
かぶせる
②
③
フォローは取れないので、左足体重
のまま、ドンと入れて終わり。
クラブのヘッドをできるだけ
鋭角にボールの
後ろに入れる

ただし、この打ち方では、ボールは高く上がらず、ランが多くなることは計算しておくべき。アゴが高かったり、ピン方向のアゴまで10ヤード以上あるときは、あえてピンを狙わず、〝出すだけ〟でもよしとすべきだろう。

高等テクニックとしては、ドンと入れたクラブヘッドをすぐに引き戻すという方法もある。こうすると、比較的ボールは高く上がり、近くにピンが切ってあっても寄る確率が高くなる。

距離のあるバンカーショットはロフトの少ないクラブで

バンカーには〝入れていいバンカー〟と〝入れてはいけないバンカー〟がある。

前者は、ピンとは反対方向にあり、いわゆる〝足が使える〟ショットが打てるバンカー。

後者は、ピンのすぐ近くあり、足が使えないバンカー。そしてもうひとつ、グリーンまでキャリーで30ヤード以上あるような距離のあるバンカーである。

なぜ、グリーンまで30ヤード以上あるバンカーショットはむずかしいのか？

それは、砂の力を利用したふつうのバンカーショットでは、キャリーで30ヤードというのが限界だからだ。

それ以上飛ばそうと思えば、取る砂の量を減らして、もう少しクリーンにボールを打たなければならないが、すでに述べたように、砂の上のボールをクリーンに打つのはひじょうにむずかしい。ましてや、40ヤード、45ヤードのような微妙な距離感を出すのは、もっとむずかしい。SWでクリーンに打てて距離感が出せるのは、アゴが低く、砂が硬めでライがいい、つまりふつうの芝に近い状態のときくらいのものだろう。

というわけで、距離のあるバンカーから打つときは、グリーンに乗れば御の字と考えるべきだ。

距離のあるバンカーは、バンカー自体が大きかったり、グリーンとの間にもうひとつバンカーがあったりというケースが多い。したがって、距離が足らずに、再びバンカーにボールが入ったり、ホームランになったりすることだけは避けるのが基本になることはいうまでもない。

たとえばグリーンエッジまでは30ヤード、ピンはエッジから15ヤードのところにあり、グリーンの奥まではさらに15ヤードあるという場合を考えてみよう（グリーンの傾斜は考えない）。

すると、キャリーの許容範囲は、30〜50ヤード。30ヤード以下ならグリーンに届かないし、キャリーが50ヤード以上あると、ランも含めてグリーンをこぼれてしまう可能性が高くなる。理想は、キャリー35〜40ヤード、ラン5〜10ヤードでピンにぴたりというショットだ。

もっとも簡単なのは、SWのかわりにAWやPW、非力な人やもっと距離がある場合はショートアイアンを使うという方法である。

これらのクラブはSWよりロフトが少ないから、SWと同じように砂を取ってもボールが飛ぶ。

打ち方はSWのバンカーショットと同じ。薄く砂を取る軽めのエクスプロージョンになるが、距離を出したいときほど、スタンス、フェイスの向きともにスクエアに近づく。

もうひとつは、SWでフックボールを打つという方法。ふつうのバンカーショットと違うのは、スタンスをクローズにするだけだ。体重を左足に乗せたら、ボールを左に巻き込むように振っていく。こうすると、キャリー、ランともいつものバンカーショットより多くなる。

バンカーショットの素振りはバウンスを芝の上に滑らせる

この章の最後に、バンカーショットのきわめて実戦的なノウハウを紹介しておこう。それは素振りについてだ。

1章や3章でも述べたように、アプローチでは素振りでイメージを出すことがひじょうに大切になる。バンカーショットも同じ。素振りもせずにあせって打てば、たいていミスをする。

ただバンカーのなかではクラブのソールをつけることができないし、もちろん砂を切るような素振りもできない。だからといって、バンカーのなかで、クラブが砂に触らないよう素振りをするというのもあまり感心しない。砂に触らないようにクラブを振るためには、上体を起こさなければならないが、これでは本番のリハーサルにならないからだ。

バンカーショットの素振りは、バンカーの外で、これから打とうとするバンカーショットと同じ構えをつくってからやることだ。

その際のポイントは、ソール（バウンス）の部分を芝の上に滑らせるようにすること。芝をバンカーの砂に見立てて、それを薄く削り取るイメージで素振りをするのだ。

距離感に合うクラブの振り幅が確認できたら、あとはそのイメージを信じて、本番にのぞむだけだ。

6章

●まさに目からウロコ——

自滅しない頭のいい攻略法

記憶の蓄積が〝感性〟を育む

アプローチを成功させるためには、技術だけではなく、〝情報の収集と分析〟が大切になる。〝情報の収集と分析〟とはちょっと大げさな言い方だが、要は、

①ボールのライ
②カップまでの距離
③グリーンの形状と速さ
④風

などの情報を収集し、どんな攻め方、打ち方をすれば、もっともピンに寄るのか、あるいはチップインが可能なのかを探るということだ。

プロゴルファーは、この作業を10秒以内におこなってしまう。いや、ほんとうは〝ひと目〟でわかってしまうのだが、確認と〝脳内リハーサル〟のためにある程度の時間を費やしている。

私たちも、スロープレイといわれない程度に、これらの情報の収集と分析をやるべきことはいうまでもない。

アプローチは、なんといっても経験がモノをいう。しかし、情報の収集と分析をいい加減にして、勘だけに頼っていては、せっかくの経験がデータとして生かせない。

なるほどアプローチは感性の部分が大きいのはたしかだろうが、「こういう状況のとき、こう打ったら、これくらい寄った」という記憶がデータとして蓄積されていけば、感性のないゴルファーだって確実にアプローチがうまくなる。

情報とは、こうした記憶すべき「ライ、距離、打ち方、そしてその結果」であり、感性とは案外、こうした記憶の蓄積によって初めて生まれてくるのだ。

距離の見極めは最低でも「10ヤード単位」で

というわけで、①の「ボールのライ」についてはこれまで詳しく述べたから、この章では、まず②「カップまでの距離」について考えてみよう。

プロゴルファーはキャディがおこなう場合も含めて、試合になるとカップまでの距離の歩測をすることが多い。これは、彼らが1～2ヤード単位で距離を打ち分けることができるからだ。そのため、そんな技術がないアマチュアがカップまでの距離を歩測しようとすると、笑う人がいるのだが、たとえ技術はなくとも、スロープレイにならない限り歩測はすべきだ。

たとえば、自分なりに歩測してカップまで35ヤードと判断したとする。ライがよかったので、SWで20ヤードキャリーさせ、15ヤードランさせるつもりで打ったところ、キャリーが5ヤード足らず、結果的に10ヤードショートしたとしよう。アプローチとしては完全なミスショットだが、そのときの状況や打ち方と結果を記憶しておけば、それは反省材料とともに貴重なデータとなる。

一方、実際は35ヤードあるのに、いつも目測で「だいたい40ヤードくらい」のように済ませているゴルファーは、仮にカップに寄ったとしても、これから先〝5ヤードの誤差〟がなかなか修正できない。ある日、たまたま正確な距離がわかったとしても、彼のなかでは5ヤード長めに打つクセが身についてしまっているから、まずオーバーするようになる。アプローチにおける5ヤードの誤差は、1パットと2パットの分かれ目になる。これは、スコア的に見ると致命的とさえいえる。

ただ、いくら歩測が大切だからといって、実際にカップまでの距離を歩測していては、確実にスロープレイになるから、まずは〝10ヤード単位〟で距離を把握することだ。

基本は、1歩＝1ヤード（91センチ）の歩幅を身につけること。歩幅が狭い人は、12歩＝10ヤードでもいい。そして、アプローチを打つときは、ボールから10ヤード先まで歩測して、そこから先は、カップまで10ヤードの何倍あるか見当をつけ、だいたいの距離を導き出す。

最初は30ヤード、40ヤードという10ヤード単位でいいが、しだいに30、35、40、さらに30、33、36、39のように細かく判断できるようになる。そうなれば、確実に技術が上がっていると思っていい。アプローチを終えたら、グリーンに向かいながらカップまでの実際の距離をチェック。10ヤード単位の目測との誤差をチェックしておけばなおいいだろう。

また、セカンドショットを打った場所から、グリーンを外れたボールのところに向かうとき、ボールからカップまでの距離を大雑把《おおざつぱ》に目測しておき、実際の歩測との誤差を確認しておくと、しだいに遠くからパッと見ただけでだいたいの距離がつかめるようになってくる。

距離感を身につけるためには、街を歩いているとき、電柱までの距離を目測して、実際に歩測してみるという方法もある。たしか金井清一プロだったと思うが、そうやってプロになったゴルファーもいるのである。

「グリーン」と「風」の読み方

カップまでの距離がわかったら、次は③「グリーンの形状と速さ」を判断する。すでに述べたように、アプローチはグリーンに落とすのが基本だ。それは、グリーンはラフやフェアウエイよりライが格段によく、バウンドの仕方やスピンも含めた転がり具合が予想しやすいからだ。

ただし、そのバウンドの仕方や転がり具合は、グリーンの状態によって大きく変わってくることはいうまでもない。

硬くて速いグリーンなら、高く上がったボールは大きく跳ねるだろうし、スピンはかかりにくく、よく転がるはずだ。反対に、柔らかくて遅いグリーンなら、ボールはよく止まるはずだ。

そのあたりの判断の手がかりは、最初は練習グリーンか、自分よりも先に打った同伴競技者のショットくらいしかない。しかし、何ホールか回るうちに、徐々にグリーンの速さ（硬さ）がわかってくる。すると、アプローチのイメージがより鮮明になってくる。

グリーンの形状をチェックすることが大切なこともいうまでもないだろう。ポイントは、最初の落としどころは、できるだけ平らな部分にするということ。そのほうが、バウンドの向きやそのあとの転がりが読みやすい。たとえば、転がしで寄せようとすれば、いくつものコブを越えなければならないが、高いボールならコブが越えられるという場合、自分の技量と相談して、どちらの方法のほうが寄せられるかを考える。

結論がでたら、あとは落とし場所からカップまでの傾斜を見て、ボールが転がり始めてからどんなラインを描くかをイメージする。そのあたりはパッティングと同じだ。

最後は④「風」。フォローなら、ボールを高く上げるとオーバーしかねないし、アゲインストなら、オーバーめに打っても、ピンの真下に落ちて、ピタリと止まってくれるかもしれない。「ピンが奥ならフォローの風を利用する手もあるが、ピンが手前なら転がしたほうがいいか……」。「ピンは手前だが、幸いアゲインストだから高いボールでもいけそう……」。そんなことを考える。

「ゴルフは、アプローチの打ち方を考えているときがいちばん楽しい」とは、あるシングル氏の弁。そう、アプローチを楽しむためには、考える材料、つまりこれまで述べてきたような情報が欠かせないのである。

寄せ方は、エッジからピンまでの距離で決まる

アプローチショットの打ち方は、1章で紹介したように、ランニング（転がし）、ピッチ&ラン、ロブの3種類がある。

では、どうやって打ち方を決めるのか？　もっとも基本になるのは、エッジからピンまでの距離だ。

エッジからピンまでが遠ければ、ボールを転がすことができるし、近ければランの出ないような打ち方をしなければならない。

これに、前に述べたように、ボールのライやグリーンの状態、風などの要素を加味して、最終的な打ち方と使うクラブが決まる。

たとえば、同じピッチ&ランでも、ピンが奥に切ってあるときはAW、手前に切ってあるときはSWのように、打ち方を変えなくても、クラブを換えることで、ピンに寄せることができる。

下りの1mより、上りの2mにつけるべし

アプローチの鉄則として、「上《のぼ》りのラインにつける」というのがある。いうまでもなく、パッティングは下りより上りのラインのほうが簡単だからだ。

話をわかりやすくするために、直径20ヤードの円形の受けグリーンで、カップが真ん中に切ってある場合を考えてみよう。で、以下の三つのケースとも、ボールはすべてグリーンエッジまで2ヤードの地点にあるとする。

①グリーンの手前の花道から寄せる場合、カップまでは上り傾斜になる。もしボールが順目のライにあれば、これはチップインの絶好のチャンス。カップ周辺の微妙な傾斜をよく読み、少しオーバーさせるくらいのつもりで打っていきたい……ところだが、オーバーして返しのパットに自信がなければ、10~12ヤード転がして、上りのラインが残るようにする。

まあ、そのあたりの判断は、ゴルファーの技量やコンペなどの〝勝負〟ともかかわってくるからいちがいにはいえない。

②ボールがグリーンの左右にある場合。グリーン右からはフックライン、左からは

スライスラインということになる。

この場合は、ふつうカップインは狙わない。なぜなら、横からとはいっても受けグリーンである以上、下り傾斜になっているから。下り傾斜に切ってあるカップに入れにいくのは、ちょっと冒険が過ぎる。とにかくカップの下1メートル以内につければよしとする。

グリーン右からなら、フックを想定して、カップのやや右、曲がりの頂点に向かって打つ。何バウンドかして頂点に達したボールが、そこからカップに向かって転がるというイメージだ。グリーン左からなら、スライスを想定して、カップのやや左、やはり曲がりの頂点を狙うことになる。

③いちばんむずかしいのは、グリーン奥からのアプローチだろう。下り傾斜の程度にもよるが、とにかく距離感を合わせるのがむずかしい。ふつうはフワリと上げるか、スピンを効かせて転がりを抑えるかだが、それも経験とイマジネーション、そして技術しだい。

とにかく「下りの1メートルより、上りの2メートル」という格言（?）を信じて、「ショートだけはすまい」と思って打つしかない、でしょうね。

アプローチは上りのラインにつけるのが鉄則。下りを残しては難しい

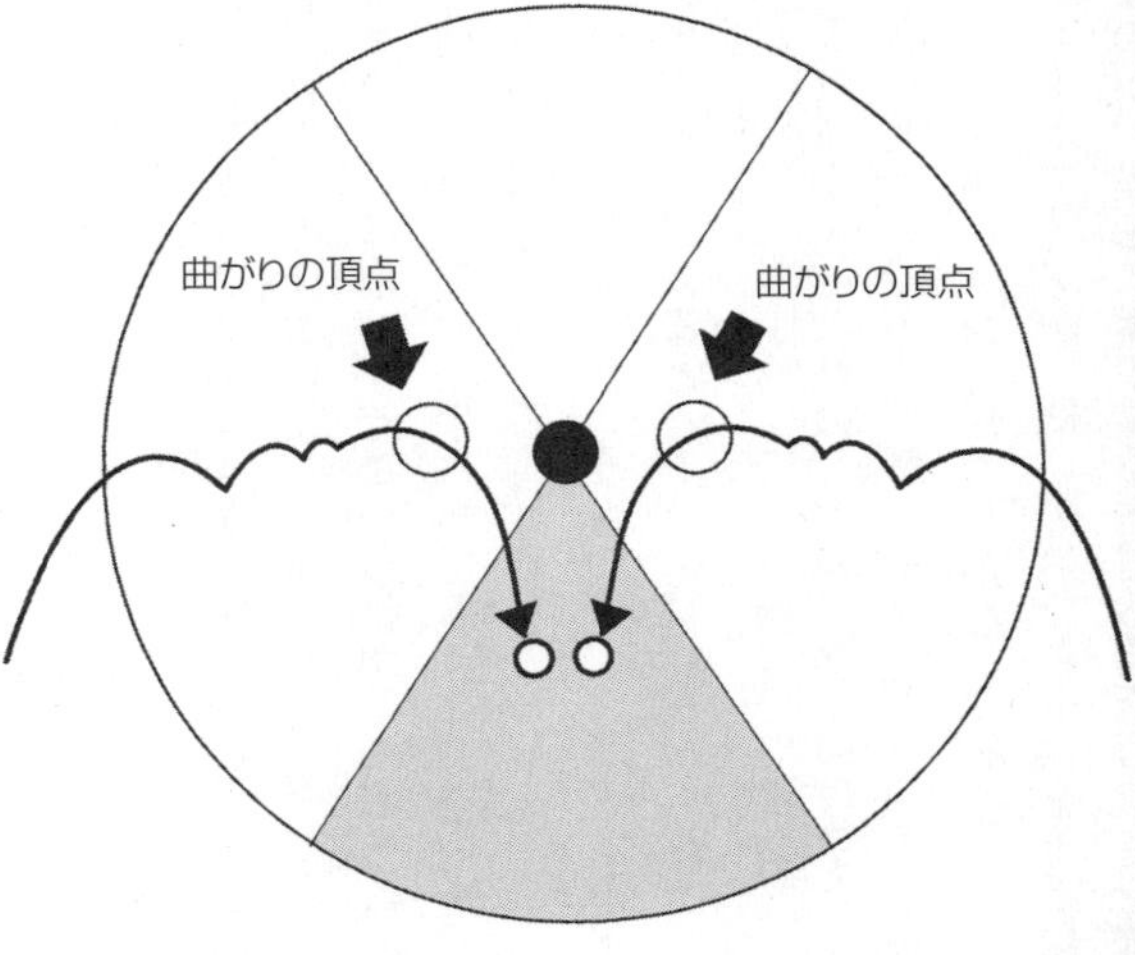

グリーン右からならカップのやや右の曲がりの頂点に向かって打つ。
左からならスライスを想定し、カップの左の曲がりの頂点を狙う

ワンクッション入れるときは落とし場所のライを確認

ボールは砲台グリーンの手前にあり、カップはエッジから距離のないところに切ってあるとする。こんなとき、アプローチの仕方はふたつある。

ひとつは、ボールを高く上げてグリーンに乗せ、そこから転がして寄せる方法。もうひとつは、いったんボールを砲台グリーンの土手に当てることで勢いを殺し、2バウンド目にグリーンに乗せる方法である。

後者は、いわゆる「ワンクッションを入れる」というもので、グリーンが下り傾斜でも、うまくボールの勢いを殺すことができると、トロトロ転がってカップに寄ってくれる。

高く上げるか、ワンクッション入れるか——これは、ゴルファーの技量とボールのライによって決まる。ボールを高く上げるのが苦手なゴルファーや、ライが悪くてボールが上げられない場合は、ワンクッション入れるしかない。

使用するクラブは、ＰＷからショートアイアン。低い弾道でボールを土手に当てていくわけだが、このとき大切なのが、最初にボールを当てる場所のライを確認しておくということだ。

雨上がりで地面が柔らかくなっていれば、ボールはあまり跳ねないから、強めにヒットしたほうがいいし、カチカチに乾いていれば、ボールがよく跳ねるから、弱めにヒットしたほうがいい。また、ボールを当てる場所が、そこだけ窪《くぼ》んでいたり、傾斜の向きが変わっていたりすると、明後日《あさって》の方向にボールが跳ねることもあるから、そのあたりもよく確認しておく。

というわけで、ワンクッション入れるときは、ボールを当てる場所まで行って（そう遠くはないはず。たいてい10ヤード以内）、〝足の裏〟でライの硬さや傾斜をよく確認したほうがいい。

このワンクッション入れる方法、ピタリと寄ったときは、それはそれは気持ちがイイものです。

ちなみに、ライがよくてボールが上げられるとき、いちばん多いミスがショートしてしまうこと。砲台グリーンの下にボールがあるような場合は、左足上がりの傾斜になっていることが多いが、斜面に沿ってヘッドを入れると、ロフトが大きくなって、「ボールは上がるけれど距離が出ない、ランも出ない」ということになりがち。こんなときは、ＳＷよりＡＷ、ＡＷよりＰＷのように、ロフトの少ないクラブを使うのが成功の秘訣だ。

バンカー越えは顔を上げないのもコツ

バンカー越えは、ロブショットが打てれば簡単。いや、ロブショットなどというむずかしいテクニックを使う必要はない。SWをちょっと開いて、左足寄りに置いたボールを打てば、よほどグリーンが高いところにない限り、バンカーは越えるが、ロブショットはもちろん、とにかくボールを高く上げることが苦手なゴルファー、あるいはバンカー越えとなると、身体がこわばってトップやダフリなどのミスをくり返すゴルファーはどうすればいいか？

ここで、とっておきの方法をお教えしよう。

それは、フォローを出すまでは、絶対に顔を上げないという方法である。

1章で、アプローチではインパクトを終えたら、顔を上げてボールの行方を見ろ、という話をした。顔を下に向けたままでは身体がうまく回転せず、手打ちになりやすいし、インパクト後は、顔を上げてボールの行方を確認しないと、距離感のイメージが脳に蓄積されないからだ。

それはそうなのだが、ボールを高く上げることが苦手なゴルファーは、ことバンカー越えとなると結果が気になるのだろう。インパクトの前に頭を上げてしまい（典型的なヘッドアップ！）、トップしたり、ダフったりというケースがひじょうに多いのである。

そこで、先の方法ということになるのだが、フォローを出すまで絶対に頭を上げないでいると、身体を使って無理にボールを上げることが、やりたくてもやれないというメリットもある。

ただ、どうしても手打ちになりやすいから、身体だけはちゃんと回すこと。

あとは、２章で紹介したボールを高く上げるための打ち方を、自分を信じて実行するだけだ。

シャンクが出た後に効く〝素振り〟の隠しワザ

シャンク——イヤな言葉である。ドライバーではまず起こり得ないのに、アプローチで起きやすい。寄せワンを狙っているのに、下手をするとOBもありうるから、そのショックはふつうのミスショットとは比較にならない。さらに、シャンクは連発する。ますますもってタチが悪いのだ。

シャンクとは、ボールがクラブのネックの部分に当たり、右に飛び出してしまう現象だが、その原因として、レッスン書には、クラブの軌道が極端なアウトサイドインでも極端なインサイドアウトでも起こるとか、極端なハンドファーストでも起こる――ナンテことが書いてある。そりゃまあ、なんであれ〝極端〟なら、シャンクだろうが、何だろうが、あらゆるミスが起こるのも当然。〝極端〟が悪いのなら（悪いに決まっているが）、〝極端〟を〝ふつう〟に戻せばいいという話でしかない。

シャンクが起こる原因は、ドライバーでは起きないのに、アプローチで起きやすい理由を考えてみればわかる。それは、大事に打とうとするあまり、ボールを当てにいって、インパクトでグリップの位置が身体から離れてしまうのが原因。あるいは、ヒールから入れようとする意識が強すぎても、手打ちになりやすく、だから、ネックの部分の当たってしまうのだ（後者の場合は、ナイスショットと紙一重で、身体をしっかり回してやるだけで治ってしまう）。

シャンクが連発しやすいのも、二度目は「もっと大事に打とう」とするから。ドライバーでシャンクが起きないのは、ほとんどのゴルファーが「大事に打とう」というより「思い切って打とう」としているからなのである。

シャンクが出たあとの素振り

左ワキが開かないようにグローブやヘッドカバーなどをはさみ、身体の回転で打つイメージを作り直す

手打ちではなく身体をしっかり回すイメージで

というわけで、コースでシャンクが出たときは、メンタル的には「もっと適当に打とう」と思えばいい。

――これだけでもほとんどのシャンクは止まるはずだが、こんなオマジナイだけでは不安という人は、グリップが身体から離れないよう、左ワキを締めて、低く、内側に、あくまで身体の回転で振り抜く素振りをすることだ。

アドレスでボールにセットしたときのグリップの位置が元に戻る限り、つまり身体から離れないかぎり、物理的にいってもネックの部分がボールに当たることはありえないのだ。

反対に、やってはいけないのは、ボールから離れること。シャンクするのは、ボールと身体の距離が近いからだと考えて、実際そうするゴルファーが多いのだが、ボールから離れてアドレスすると、手元がますます身体から離れて、またシャンクということになりやすい。

7章

●どんどん上達する――

練習&道具選びの意外な秘訣

練習篇

ボールを投げて距離感と身体の使い方を覚える

アプローチのうまいゴルファーは、よく「クラブと手や腕が一体化している」などといわれる。彼らは、自分の腕（とくに左腕）はシャフトのごとく、手（とくに右手）はヘッドのごとく動き、どんなボールも手で投げるがごとく自在に打つことができる。

ゴルファーとしてはまさに〝究極の理想〟だが、その理想に一歩でも近づくためには、実際に自分の手でゴルフボールを投げてみるといい。

まず、ＳＷで10～15ヤードくらいキャリーさせるときのスタンスを取る。そして、右手にゴルフボールを持って、目標方向（身体の左側）に放り投げてみよう（もちろん下手投げ！）。

おそらく、ほとんどの人は、投げ終わったときには身体は目標方向を向いている

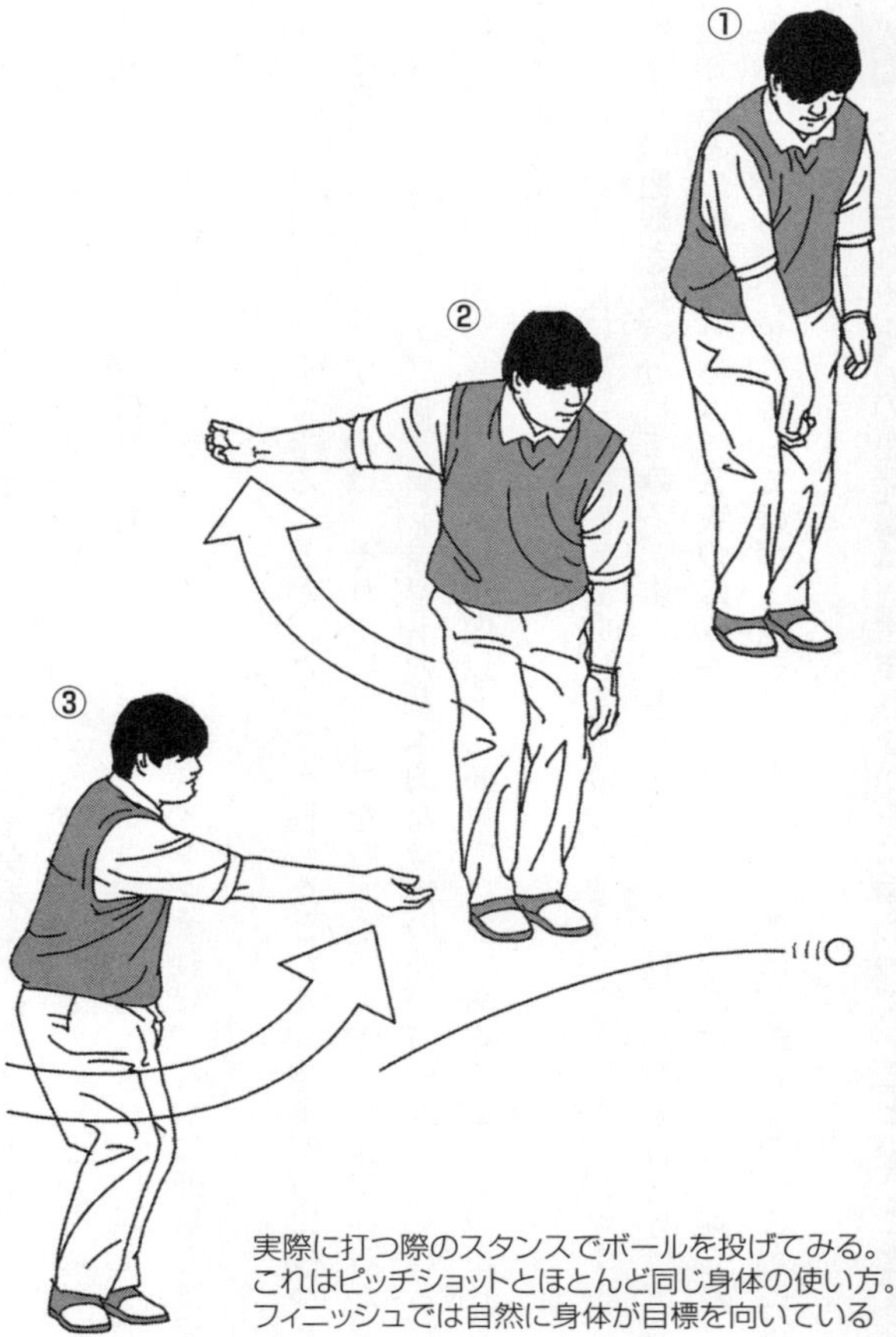

実際に打つ際のスタンスでボールを投げてみる。
これはピッチショットとほとんど同じ身体の使い方。
フィニッシュでは自然に身体が目標を向いている

はず。そして、右膝が少し左膝に寄り、左足に体重が乗っているはずだ。

そう、これはアプローチの基本になるピッチショットとほとんど同じ身体の使い方である。右手だって、ほら、ちゃんとフィニッシュのところにきれいに収まっているはず。実際のアプローチも、こんな感じでスイングすれば、じつに簡単なはずなのだ。

ボール投げなら誰でもできることが、クラブを握ったとたん、体重が右に残ったり、手打ちになったりするのは、それだけゴルフをむずかしく考えすぎているからだ。ボール投げは、アプローチショットの基本的な身体の使い方を教えてくれるだけでなく、そのときの身体の動きが想像以上に簡単で自然であることに気づかせてくれるのである。

さらに、ボール投げは、距離感の養成にも役立つ。まず、5ヤード、10ヤード、15ヤードの距離を投げ分けてみる。次に、SWを持って、同じ距離を打ち分けてみる。すると、腕の振り幅は、SWのほうがシャフトがある分だけ遠心力が働くので若干小さくなるが、感じとしてはボールを投げたときとさほど違いがないことに気がつくはずだ。

人間には、それくらいの距離感は、生まれながらに備わっているということである。実際のアプローチで距離感がつかみにくいときは〝クラブを持たない素振り〟をしてみよう。それだけで、あなたが本来持っているはずの距離感が蘇《よみがえ》ってくるはずである。

左足一本で打って基本的な身体の動きを覚える

「一本足打法」といえば、〝世界の王選手〟があまりにも有名。しかし、ここで紹介する「左足一本打法」は、王選手とは反対。彼も左足一本打法ではあるけれど、野球の軸足とゴルフのアプローチにおける軸足は違う。野球の場合、右バッターの軸足は右足だが、右打ちのゴルファーがアプローチをするときの軸足は、ロブショットや左足上がりなどのケースを除くと、バンカーショットも含めてほとんどが左足になる。そこで、この練習である。

左足一本で立って（バランスが取りにくい人は、右足のつま先を地面につけてもいい）、SWで10ヤードくらいのピッチショットを打ってみよう。すると、あなたは以下のことに気がつくはずだ。

①身体が回転しやすい

②下半身の動きが制限される

③重心が右に残らない（残りようがない）

①は、完全に左足だけが軸になっているから、二本足のときより身体が回りやすいのだ。そしてこれは手打ちにならないアプローチの打ち方の基本でもある。

②も、アプローチの場合は、飛距離を必要としないのだからこれでいい。アマチュアには、アプローチで身体を使いすぎて、それがミスの原因になっている人が多いのである。

③も、これでOK。アプローチで体重が右に残ると、ダフリやトップの原因になる。これまで述べてきたように、アプローチでは基本的に体重移動はしない。

というわけで、この「左足一本打法」も、アプローチの基本的な身体の動きをマスターするのにひじょうに役立つ。

また、左足一本でスイングすると、下半身の動きが制限されるため、スイングのスピードがゆったりとしてくる。これが本来のアプローチのテンポというもので、打ち急ぎがなくなる。

さらに、スイングの大きさも全体に小さくなり（大振りできない）、しかも左右対称になる（そうしないと、うまくバランスが取れないのだ）。これらもアプローチショ

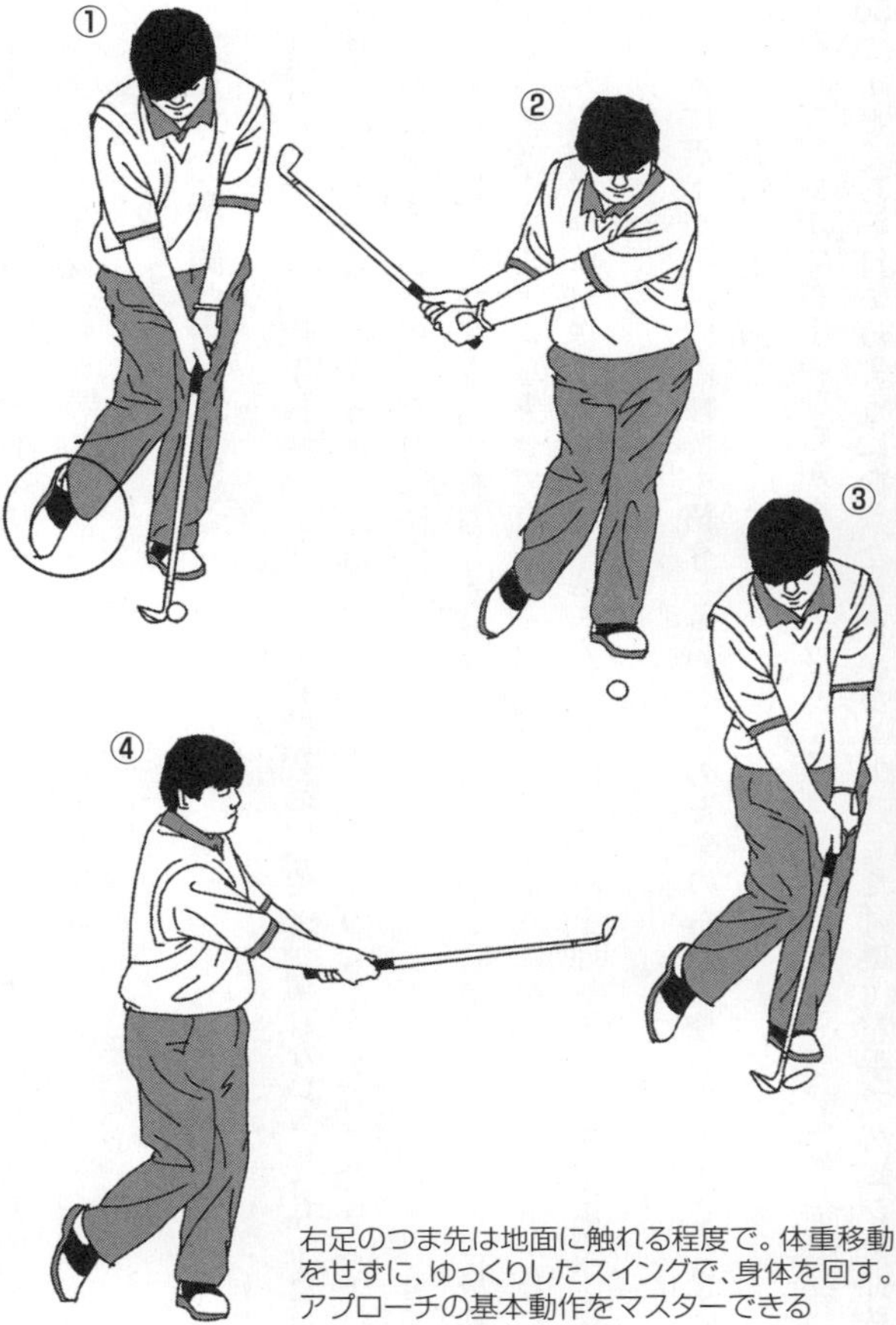

右足のつま先は地面に触れる程度で。体重移動をせずに、ゆっくりしたスイングで、身体を回す。アプローチの基本動作をマスターできる

ットの極意。アプローチの打ち方のコツをつかむためには、まさにいいことずくめの練習なのである。

片手で打ってみるとゴルフの奥義が実感できる

片足打法の次は「片手打法」。ちょっと難度が高いが(90が切れないゴルファーには無理かも)、アプローチがうまくなるだけでなく、ふつうのスイングのコツもつかむことができるという優れた練習法だ。

まずは、比較的簡単な右手打ち。クラブはウェッジか9番アイアンくらい。最初はゴムティーにボールを乗せて打ち、ちゃんと当たるようになったらマットから打ってみる。右ワキが空かないよう左手で右ヒジのところを押さえ、リズムよく、身体の回転で打つ。

まえにボールを投げる練習を紹介したが、このときの右手の使い方の感じを思い出すと、方向、距離感とも合ってくる。

そして、やがて右手のひらがクラブのフェイスと一体化してきたらしめたものだ。50ヤードくらい打てるようになったら、かなり上達した証拠。左手で右ヒジを押さ

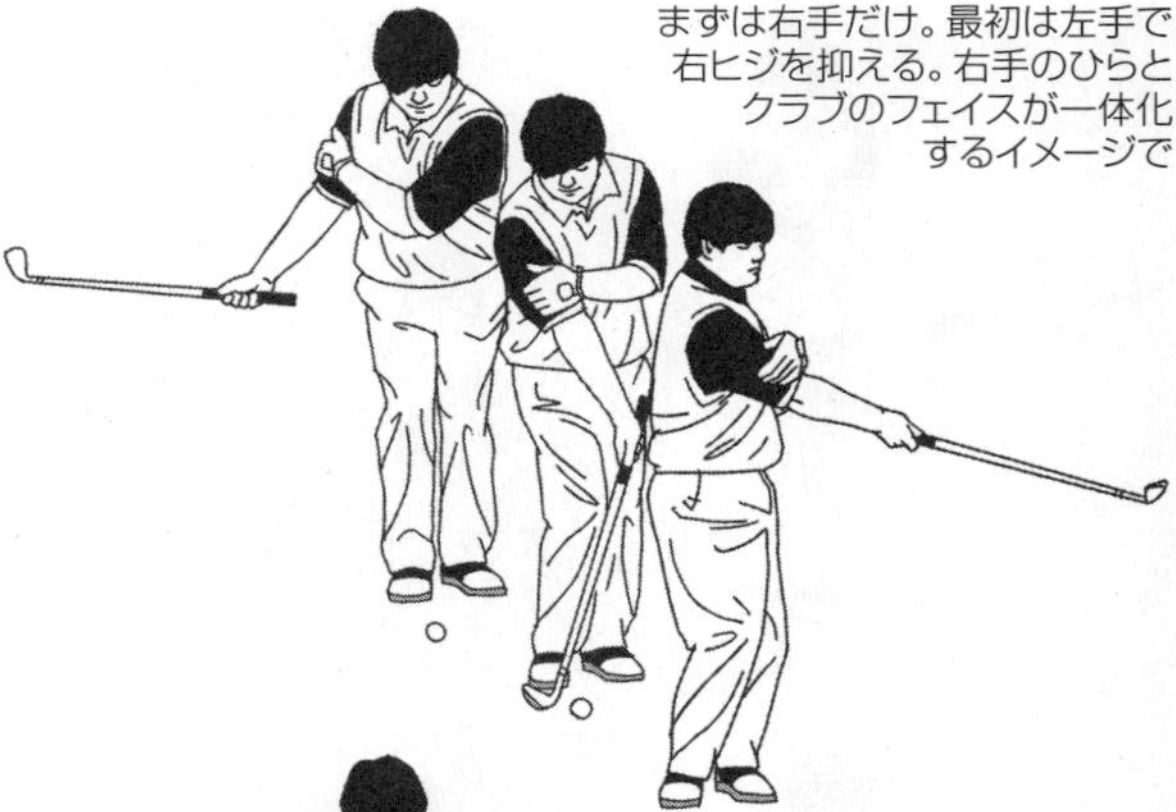

まずは右手だけ。最初は左手で
右ヒジを抑える。右手のひらと
クラブのフェイスが一体化
するイメージで

慣れてきたら、左手は腰
の上に置いて練習する

今度は左手だけ。最初は左ヒジ
を軽く押さえ、慣れてきたら
右手は下げる

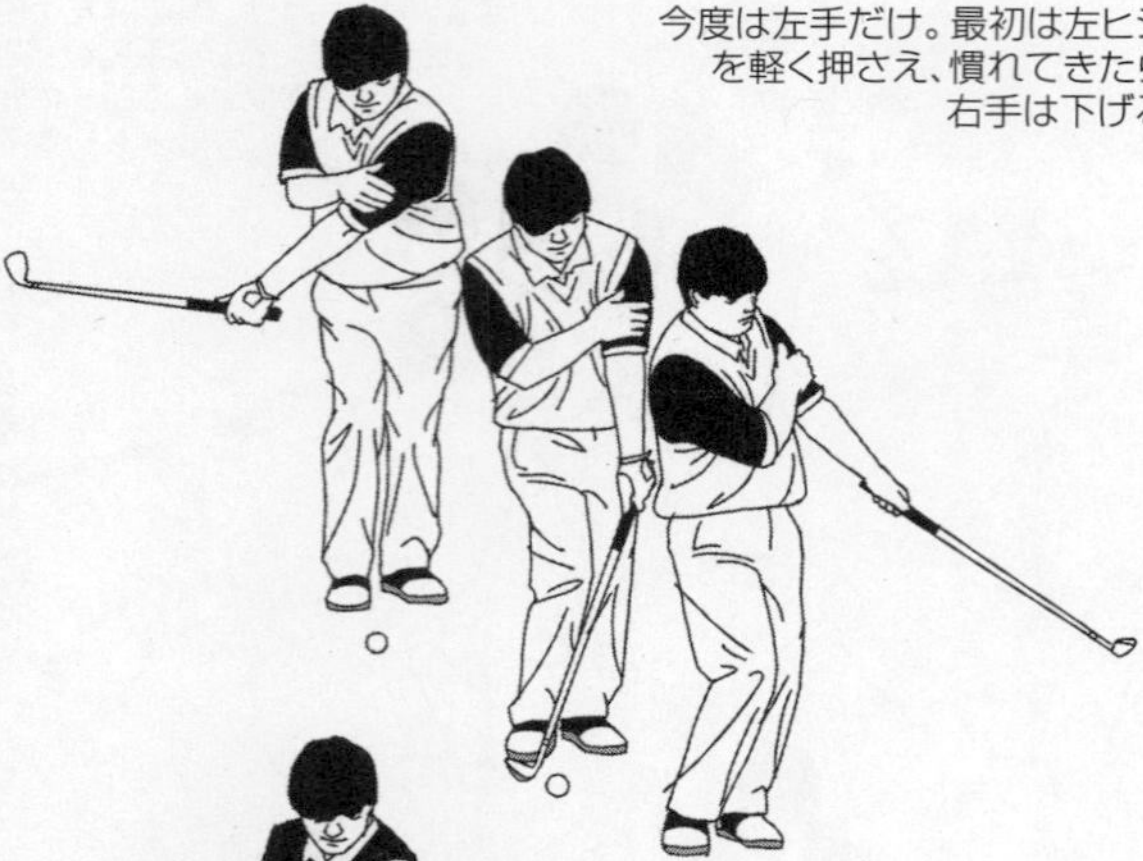

片手打ちでは身体の回転
を利用しないとうまく
いかない。ヘッドの重
みを感じてリズムよく
スイングしよう

えるのをやめ、左手は腰の上に置いてやってみよう。

次は左手打ち。この場合も、最初は左ワキが空かないよう右手で左ヒジを軽く押さえておき、うまく打てるようになったら腰の上に置いておく。こちらは、リストワークが正しくないとうまく打てないことがわかるはずだ。

いずれの片手打ちも、手打ちでは絶対にうまくいかない。身体の回転を利用しないとクラブが振れないのだ。さらに、ヒジを開いてはいけないこと、クラブは身体の近くを通ること、ヘッドの重みを感じてリズムよく振らないとうまくいかないこと、などが理解できる。

これは、アプローチだけでなく、すべてのスイングに共通する〝ゴルフの奥義〟といっていい。

片手打ちをやったあと、ふつうの両手打ちをやってみると、これがウソのように簡単に感じるはず。そう、アプローチなんて、ホントは簡単なのである。

板の上で打ち ソールを滑らせる感覚を覚える

板の上からボールを打つ——というと、ふつうのゴルファーはギョッとする。

「うまく当たるワケがない」「腱鞘炎《けんしょうえん》になりそう」

そんな声が聞こえてきそうだが、これが意外に簡単なのだ。

この練習の目的は、クラブのソールを滑らせるコツをつかむことにある。だから、リーディングエッジから鋭角的に入れてはいけない。これをやれると、ガツンとなって、それこそ腱鞘炎になりかねない。

使用するクラブは、バウンスの少ないSWやLWなど。バウンスが大きいと、硬い砂のバンカー同様、クラブが弾かれてしまう。

とにかくソールを滑らせながらで、ボールを押すようなイメージでクラブを振ってみよう。すると、ダフっても想像以上にちゃんとボールに当たることがわかるはずだ。

板の上ですら、これだけダフってもいいのだ、ということがわかれば、芝の上なら、クラブの落とし場所はもっとアバウトでいいことがわかってくる。かくして、本番では安心してソールを滑らせることができるようになるというわけである。

それでも、板の上はやっぱりイヤ、という人は、練習場のマットのいちばん擦り切れた部分や、足場に敷いてある硬めのマットの上にボールを置いて打ってみるのもいい。

道具篇

アベレージ向きなのはグース型のウェッジ

アプローチに欠かせないクラブといえばウェッジ。なかでもSWは、バンカーショットはもちろん、あらゆるアプローチショットに使われる万能のクラブだ。それだけに、プロゴルファーともなると、SWの形状やロフト角、素材、メッキ法などにこだわる向きが多い。アマチュアでも、最近は、SWとAWだけはアイアンセットとは別のメーカーのクラブを使っている人が少なくない。

しかし、なかには「プロが使っているから」というだけの理由で、わざわざむずかしいウェッジを使っているアマチュアも多い。というわけで、ここからは「ウェッジ選びの常識と非常識」について考えてみよう。まずはその形状についてだ。

最近のウェッジは、いわゆる〝出っ歯型〟のものが主流だ。ネックとリーディングエッジがストレートか、エッジのほうが少しだけ前に出ている形状のウェッジだ。

グース型のウェッジ

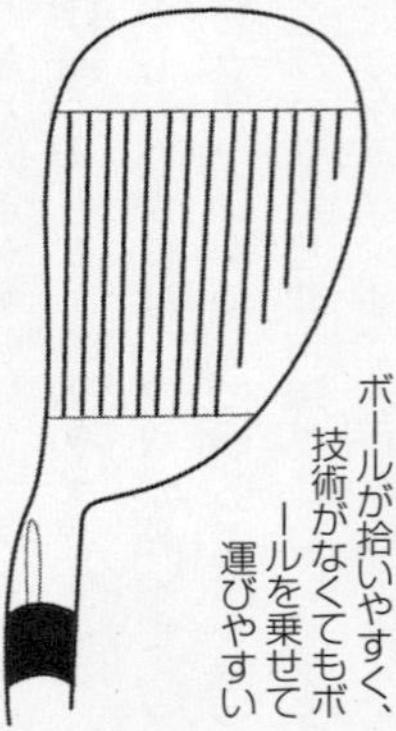

ふつうに打っても（ヘッドが多少遅れても）、ボールが拾いやすく、技術がなくてもボールを乗せて運びやすい

出っ歯型のウェッジ

ラフからの抜けがよく、ボールを上げやすいが「フェイスの乗せて運べる」技術を求められる

そもそもはラフの芝がからみやすい欧米のコース向きのウェッジで、エッジが〝出っ歯〟な分、ラフからの抜けがよく、またボールを上げやすいという特徴がある。

日本のプロゴルファーもほとんどがこの〝出っ歯型〟を使っており、ゴルフショップで売られているウェッジもこのタイプが圧倒的に多いのだが、〝出っ歯型〟のウェッジを使いこなすためには、「ボールをフェイスに乗せて運べる」ということが大前提。それができないと、ただボールの下にフェイスが入って、ポコンとボールが上がるだけのウェッジになってしまう。これでは距離感がでないのだ。

「ボールを乗せて運べる」技術がないアマチュアは、かつての主流だった「グース型」

のウェッジのほうが使いやすい。「グース型」とは、リーディングエッジが右に大きく引っ込んでいるウェッジで、いかにもボールが拾いやすい形状になっている。そのため、ふつうに打ってもわりと簡単に「ボールを乗せて運ぶ」ことができる。

「グース型」は「出っ歯型」にくらべて、フェイスが開きにくく、小細工がしづらいけれど、アマチュアにとっては、小細工のやりやすさよりふつうに打ったときの距離感のほうが優先されてしかるべき。

「グース型」のウェッジは、単品のものは少なく、ビギナー向けのアイアンセットに入っていることが多い。あるいは中古ショップで探すという手もある。出っ歯型のウェッジで「寄らない」人は、一度試してみることをおすすめする。

ロフトとバウンスの微妙な関係

数年前、「ローバウンス」、つまりバウンス角が10度未満というウェッジが大流行。現在も愛用しているゴルファーが多い。バウンスとは、154ページでも述べたように、ウェッジ（とくにSW）のソールの部分についている膨らみのこと。従来、ふつうのSWには10～12度のバウンス角があり、そのおかげで、バンカーショット

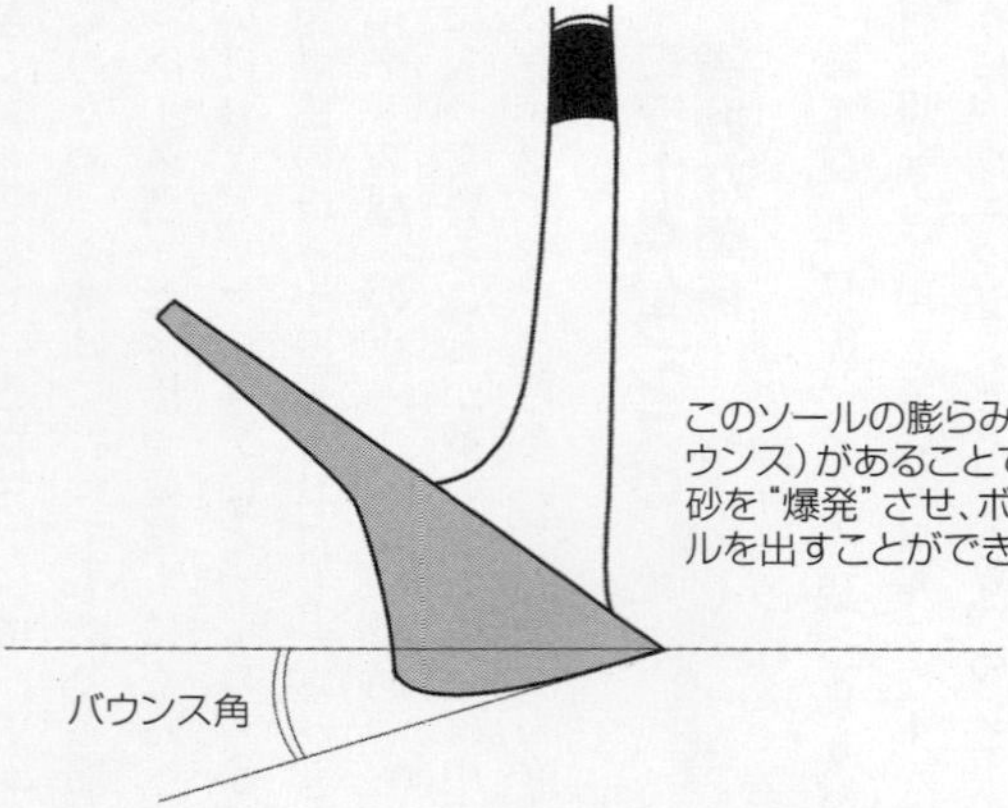

このソールの膨らみ（バウンス）があることで、砂を“爆発”させ、ボールを出すことができる

では砂を爆発させてボールを出すことができた。つまり、ローバウンスのSWは、砂を爆発させにくく、それだけバンカーショットには不向きなウェッジというのが定説だったのだが、にもかかわらず、なぜローバウンスのSWが流行したのか？

ひとつは、ローバウンスのSWは、バンカーショットには不利でも、ほかのアプローチでは使い勝手がひじょうにいいからだ。バウンス角が小さいと、フェイスを開いたとき、ソールが地面につっかかりにくい。また、ローバウンスのウェッジはソールの幅が広くなっているため、芝の上を滑らせやすい。そんなわけで、プロや上級者の間で、操作性という点で人気が出たというわけである。

さらに、バンカーショットには不向きとされるローバウンスのSWも、フェイスを開き、オープンに構えて、カット軌道で打てば、ソールがうまく滑ってくれるから、クラブが抜けやすい。アメリカのプロゴルファーには、バンカーショットにも、バウンス角が小さく、ロフト角も60度以上あるようなLWを使う人が増えているが、それは彼らには、薄く砂を取りながらボールを運ぶ技術があるからなのだ。

逆にいえば、バンカーショットをストレート軌道で「打ち込む」タイプのゴルファーは、バウンスが大きめのSWのほうが向いている。あとは、ほかのアプローチの打ちやすさとの兼ね合い。プロのなかには、大きめのバウンスでも、ヒールの部分だけを削るなどして、使い勝手をよくしている人も珍しくない。

＊　＊

正しい理論を知ることは、技術上達の近道である。ただし、理論だけでは、もちろんゴルフは上達しない。本書をお読みになり、さまざまなケースのアプローチショットをしっかりイメージしたうえで、クラブを握り、次の練習やラウンドで試してみていただきたい。新たな境地に立つ自分を実感でき、スコアアップにもつながるはずだ。前著『パターが面白いようにはいる本』『頭がいいゴルファー　悪いゴルファー』と併せ、本書があなたのゴルフのお役に立てることを切に願っている。

KAWADE
夢文庫

必ずスコアがアップする
GOLF術
アプローチがピタッと寄る本

二〇〇九年五月一日 初版発行
二〇一〇年八月一日 3刷発行

著者……ライフ・エキスパート［編］
企画・編集……夢の設計社
東京都新宿区山吹町二六一〒162-0801
☎〇三―三二六七―七八五一（編集）
発行者……若森繁男
発行所……河出書房新社
東京都渋谷区千駄ヶ谷二―三二―二〒151-0051
☎〇三―三四〇四―一二〇一（営業）
http://www.kawade.co.jp/
装幀……川上成夫＋木村美里
印刷・製本……中央精版印刷株式会社
組版……アルファヴィル
Printed in Japan ISBN978-4-309-49723-5